石河子大学“中西部高校综合实力提升工程”应用经济学一级学
治区普通高校人文社科重点研究基地兵团屯垦经济研究中心项目
级研究”(XJEDU020215C04)资助；石河子大学高层次人才
镇化互动机理及协调发展研究”(RCSX201408)资助。

经济管理学术文库 • 经济类

新疆资源型产业生态化发展路径研究

Resource-based Industry Ecological Development Path in Xinjiang Uygur Autonomous Region

王　磊／著

图书在版编目（CIP）数据

新疆资源型产业生态化发展路径研究/王磊著. —北京：经济管理出版社，2016.3
ISBN 978-7-5096-4227-6

Ⅰ.①新… Ⅱ.①王… Ⅲ.①资源产业—生态化—产业发展—研究—新疆 Ⅳ.①F127.45

中国版本图书馆 CIP 数据核字(2016)第 021191 号

组稿编辑：曹　靖
责任编辑：张巧梅
责任印制：黄章平
责任校对：车立佳

出版发行：经济管理出版社
（北京市海淀区北蜂窝 8 号中雅大厦 A 座 11 层　100038）
网　　址：www. E-mp. com. cn
电　　话：（010）51915602
印　　刷：北京九州迅驰传媒文化有限公司
经　　销：新华书店
开　　本：720mm×1000mm/16
印　　张：10.5
字　　数：206 千字
版　　次：2016 年 3 月第 1 版　　2016 年 3 月第 1 次印刷
书　　号：ISBN 978-7-5096-4227-6
定　　价：58.00 元

前　言

新疆是我国资源富集地区，优越的资源禀赋条件奠定了新疆资源型产业发展的基础，石油天然气开采、石油化工、煤化工等都是新疆最具特色的优势产业。煤、油气资源的开发和综合利用已成为新疆经济发展的支柱产业，促进了新疆经济和社会的发展。但是，以资源的开发利用为主的工业化过程，造成了新疆经济发展的“高耗能、高排放、低产出，资源利用率低”的特征。在粗放型经济增长方式下，新疆经济发展对资源的高消耗及对环境的污染导致资源和生态环境的承载力不断削弱。因此，研究新疆资源型产业生态化发展路径，对于推动新疆经济发展方式转变，促进新疆社会经济可持续发展，推动丝绸之路经济带核心区建设具有重要的战略意义。

本书在产业生态化相关理论的指导下，探索构建有效的新疆资源型产业生态化发展路径，以实现资源型产业发展的经济效益、社会效益和生态效益的统一。第一，对资源型产业、产业生态化、产业发展路径和产业生态系统相关概念进行界定，综合分析生态经济学、产业生态学、循环经济学、可持续发展和协同学相关理论，并对本书的研究范围进行界定。第二，分析新疆资源型产业生态系统状况。在从新疆资源型产业发展规模、布局和结构三个方面分析资源型产业概况的基础上，分析新疆资源型产业生态系统结构，包括产业生态系统的关系矩阵、支撑矩阵和相关利益主体。在此基础上分析新疆资源型产业生态系统功能、特征及其存在的缺陷，并指出新疆资源型产业生态化发展的必要性。第三，对新疆资源型产业生态化发展水平进行测度分析。从技术路径和制度路径两个方面分析新疆资源型产业生态化发展路径变迁的基础，并构建包括资源效率和环境效率两个方面的资源型产业生态化发展水平评价指标体系，同时运用熵值法测度分析资源型产业生态化发展水平及其资源效率和环境效率。从产业生态化发展的效率、组织模式和技术条件三个方面对比分析新疆不同类型资源型产业生态化发展水平演进，进而探索资源型产业生态化发展水平演进的特征。第四，评价新疆资源型产业生态化发展绩效。通过建立包括新疆资源型产业生态化发展因子的宏观经济增长和微观企业利润模型，综合运用 ARMA 模型、面板数据的固定效应和随机效应模型测算资源型产业生态化发展及其资源效率和环境效率的宏观和微观经济绩效；在运用熵值法测算新疆资源型产业发展社会效益的基础上，建立面板数据模型，综合运用面板数据模型的混合最小二乘法（POLS）与广义差分矩估计（GMM）对资源型产业生态化发展及其资源效率和环境效率的社会绩效进行测度。在此基础上对新疆资源型产业生态化发展绩效进行综合评价。第五，分析新疆资源型产业生态化发展影响因素。构建包括节点层、网络层和外围层三个层次的新疆资源型产业生态化发展影响因素的理论框架，选择新疆资源型产业生态化发展影响因子，建立多元线性回归模型，对新疆资源型产业生态化发展水平以及资源效率和环境效率的影响因素进行实证检验。第六，对比分析国内外典型资源型产业生态化发展路径及其对新疆的启示。第七，新疆资源型产业生态化发展路径构建。分析新疆资源型产业生态化发展的目标体系以及产业生态化发展路径构建的原则、思路与重点，提出资源型产业生态化发展路径。第八，提出新疆资源型产业生态化发展路径的保障措施。

通过研究得出以下几个方面的结论：一是新疆资源型产业生态系统存在一定缺陷，即资源型产业生态系统缺乏多样性、能量流动链条短、构成要素的互补性较差。二是新疆资源型产业生态化发展总体水平较低，增长缓慢；不同类型资源型产业生态化发展水平差距较大，石油、天然气资源型产业生态化发展水平较高。三是资源型产业生态化发展宏观经济绩效显著，其中产业生态化发展水平及其环境效率能够有效地促进新疆经济增长，资源效率对新疆经济增长的促进作用还不显著；资源型产业生态化发展的微观经济绩效呈现负向的特征。四是新疆资源型产业生态化发展的社会绩效显著，其中产业生态化发展水平及其环境效率的社会绩效显著，资源效率的社会绩效还不显著。五是新疆资源型产业生态化发展影响因素可以分为节点层、网络层和外围层三个层次，其中节点层是关键影响因素，网络层是重要影响因素，外围层是基础影响因素。六是新疆资源型产业生态化发展应当以实现资源型产业内部协调发展、资源型产业与自然协调发展、资源型产业与社会协调发展为目标，产业生态化发展路径的构建应当遵循政府引导和市场化推进相结合、优先确保绿洲生态安全、循环利用、减量化、系统性、效益综合型的原则，以产业活动与生态环境统一、构建完善的资源型产业生态系统，优化资源型产业能量流动体系、构建完善的资源型产业生态化发展机制为产业生态化发展路径构建的思路，以产业创新能力的提升、区域产业共生体系的构建、循环产业链的构建和产业经济效益的提升为产业生态化发展路径构建的重点。七是新疆资源型产业生态化发展路径有资源型企业技术创新的资源型产业生态化、生态工业园区建设的资源型产业生态化、产业结构优化的资源型产业生态化、区域副产品交换的资源型产业生态化和区域循环产业集群构建的资源型产业生态化。八是保障资源型产业生态化发展路径的顺利实施，需要构建资源型产业生态化发展的市场体系、完善资源型产业生态化发展的政策法规体系、建立资源型产业生态化发展的科技创新体系、建立资源型产业生态化发展的行政管理体系。

目　录

第1章　导　论

1.1　选题背景与研究意义

1.1.1　选题背景

18 世纪工业革命以来，人类实现了向大规模、机械化生产方式的转变，这种生产方式几乎是不计成本地使用自然资源和生态环境。在传统工业化过程中，经济增长依赖于能源与资源消费增长。资源转化大、能源消耗量大、环境污染严重、物质单向流动是其四个基本特征。工业化发展为人类创造了巨大的财富，同时也造成了诸多问题，一定程度上具有反人性与反自然的特征。在高耗能、高污染、低效率的产业发展模式下，自然环境仅仅被当成资源、载体和消纳者，这就导致了资源的枯竭、环境的恶化以及生态的破坏。人类自身的健康、卫生、美好而愉悦的心情等也受到这种发展模式的影响，直接影响着生活质量的提升。面对传统产业系统与自然生态系统的重重矛盾以及传统产业发展模式对环境造成的巨大危害，如何系统有效地协调产业系统与生态系统，使人类社会经济发展与自然生态系统达到动态平衡，是当今世界经济可持续发展的核心问题。

我国是一个人口众多、人均资源匮乏的国家。改革开放 30 多年来的经济增长，促进了社会物质财富较大增长和人民生活水平的显著提升，但是我国的工业化模式是一种大规模、低效率使用资源和环境代价较高的粗放型的发展方式。快速的经济发展已经使我国面临资源和环境的双重约束，传统经济增长模式的发展潜能已经逼近其极限，如果不及时转变经济增长方式，我国工业化进程将很快面临初级资源的供需不平衡等严重问题，寻找新的经济增长方式以实现经济的可持续发展是摆在我们面前的一个严峻课题。面对我国资源环境状况的严峻现实，我国政府适时提出了“以人为本、全面、协调、可持续的科学发展观”。2003 年 3 月，胡锦涛总书记在中央人口资源环境工作座谈会上指出：要加快转变经济增长方式，将循环经济的发展理念贯穿到区域经济发展、城乡建设和产品生产中，使资源得到最有效的利用，最大限度地减少废弃物排放，逐步使生态步入良性循环轨道。2005 年《政府工作报告》强调：要大力发展循环经济，从资源开采、废弃物利用、生产消耗和社会消费等环节加快推进资源综合利用和循环利用。2010 年，党的十七届五中全会明确提出：要加快建设资源节约型和环境友好型社会，大力发展循环经济，加强资源节约和管理，加大环境保护力度，增强可持续发展能力。党的十八大报告指出：坚持节约资源和保护环境的基本国策，坚持节约优先、保护优先、自然恢复为主的方针，着力推进绿色发展、循环发展、低碳发展，形成节约资源和保护环境的空间格局、产业结构、生产方式、生活方式，从源头上扭转生态环境恶化趋势。

新疆是我国资源富集地区，拥有全国煤炭资源量的 40%，陆上石油资源量的 30%，陆上天然气资源量的 34%，矿产资源在全国占有重要地位，目前已发现 4000 多处矿产地，上百个重要成矿带。优越的资源禀赋条件奠定了新疆资源型产业发展的基础，石油天然气开采、石油化工、煤化工等都是新疆最具特色的优势产业。油气资源的开发和综合利用已成为新疆经济发展的主导产业和支柱产业，促进了新疆经济和社会的快速发展。但是，以资源的开发利用为主的工业化过程，也造成了新疆经济发展方式的“高耗能、高排放、低产出，资源利用率低”的特征。21 世纪，国家给予新疆“21 世纪能源战略接替区”的定位。2013 年，张高丽在新疆调研时指出，中西部地区是我国重要的战略空间和增长点，要积极发展优势特色产业，大力推进绿色发展、循环发展、低碳发展，加强煤、油、气、水、土等资源的集约利用，切实把优势资源转化成经济优势。新疆“十二五”规划指出：“‘十二五’期间坚持以市场为导向，以优势资源为依托，做大做强优势产业和支柱产业，改造和提升传统产业，大力培育战略性新兴产业，加快建设国家大型油气生产加工和储备基地、大型煤炭、煤电煤化工基地、大型风电基地和国家能源资源陆上大通道。加快钢铁、煤炭、电力、有色、化工、建材等重点用能行业和重点用能企业的节能技术改造，鼓励推广应用节能环保新技术、新工艺、新设备和新材料”。

《“一带一路”愿景与行动》对新疆参与丝绸之路经济带建设进行了明确的定位，指出要发挥新疆独特的区位优势和向西开放的重要窗口作用，深化与中亚、南亚、西亚等国家的交流合作，形成丝绸之路经济带上重要的交通枢纽、商贸物流和文化科教中心，打造丝绸之路经济带核心区。新疆《关于推进新疆丝绸之路经济带核心区建设的实施意见》明确了核心区的内涵，即建设“三通道”（能源、交通、通信综合大通道)、“三基地”(大型油气生产加工和储备基地、大型煤炭煤电煤化工基地、大型风电和光伏发电基地)、“五大中心”(交通枢纽中心、商贸物流中心、金融中心、文化科教中心、医疗服务中心)和“十大进出口产业集聚区”(机械装备出口、轻工产品出口加工、纺织服装产品出口加工、建材产品出口加工、化工产品出口加工、金属制品出口加工、信息服务业出口、进口油气资源加工、进口矿产品加工、进口农林牧产品加工等产业集聚区)。同时,新疆是我国荒漠化面积最大、分布最广、危害最严重的省区,生态环境十分脆弱。随着新疆经济的不断发展,以土地荒漠化为主导的生态环境恶化日趋加剧,水土流失严重、天然水体减少、天然湖泊不断萎缩;由于气候变暖,还出现了冰川退缩现象,山区的调蓄能力正在减弱;城市环境污染问题严峻,多数城市空气质量在国家规定的二级标准以下。在粗放型的经济增长方式下,特色优势资源大规模的开发利用对资源的高消耗及对环境的污染导致新疆资源和生态环境的承载力不断削弱。因此,研究新疆资源型产业生态化发展路径,对于推动新疆经济发展方式转变,促进新疆社会经济可持续发展,推动丝绸之路经济带核心区建设具有极其重要的战略意义。

1.1.2 研究意义

1.1.2.1 理论意义

第一,丰富和发展产业生态化理论。以往关于产业生态化的研究,主要以一定的区域为研究对象。本书以资源禀赋条件较好的新疆这一特殊区域的资源型产业作为研究对象,从产业生态学的视角构建三个层次的资源型产业生态化发展影响因素的理论模型,探索各层次影响因素对资源型产业生态化发展的作用机理,对于丰富和发展产业生态化理论具有重要的意义。

第二,丰富和完善资源型产业发展理论。新疆是我国资源富集区,资源型产业是新疆的重要支柱产业,其资源型产业的发展具有“高投入、高排放、低产出”的特征。本书研究了这一区域的资源型产业生态化发展路径,对于丰富和完善资源型产业发展理论具有重要的意义。

第三,丰富和完善特殊区域的特殊产业发展理论。新疆地处西北干旱区,多生态、多资源是其重要的区域特征,资源型产业发展面临严峻的生态环境的瓶颈约束。本书立足这一特殊区域,在借鉴国内外资源型产业生态化理论与实践的基础上,探索新疆区域特色的资源型产业生态化发展路径,对于丰富和完善特殊区域特殊产业发展理论具有重要的理论意义。

1.1.2.2 现实意义

第一,促进新疆资源型产业可持续发展。资源型产业是新疆的重要支柱产业,本书在借鉴国内外产业生态化理论与实践的基础上,分析新疆资源型产业生态系统，对新疆资源型产业生态化发展水平、资源效率和环境效率及其社会经济绩效进行评价，探索新疆资源型产业生态化发展影响因素，从资源型产业内部协调发展、资源型产业与自然协调发展、资源型产业与社会协调发展三个层次来分析新疆资源型产业生态化发展的目标体系，构建新疆资源型产业生态化发展路径，并提出相应的保障措施，对于提升新疆资源型产业竞争力，促进新疆资源型产业的可持续发展具有重要的实践意义。

第二，促进新疆生态安全。新疆生态环境较为脆弱，资源型产业的发展对资源的高消耗和环境的高污染，直接导致新疆资源环境的承载力逐渐削弱。本书构建合适的新疆资源型产业生态化发展路径及其保障措施，提升资源型产业发展的资源效率和环境效率，将生态文明建设融入到新疆经济和社会建设之中，对于保障新疆生态安全，促进新疆生态文明建设具有重要的实践价值。

第三，保障国家能源安全。新疆承担着国家 21 世纪能源战略接替区职能，其资源型产业的可持续发展直接决定着这一职能的有效发挥。本书提出新疆资源型产业生态化发展路径，并提出相应的保障措施，对于新疆资源型产业可持续发展，更好地承担国家能源战略接替区的战略职能定位，保障国家能源安全具有重要的战略意义。

1.2 国内外研究动态

1.2.1 国外研究动态

1.2.1.1 资源型产业发展研究

关于资源型产业的相关研究主要是在资源型城市研究基础上发展起来的。20 世纪 50 年代，“荷兰病”的出现引起学者对资源禀赋和经济增长关系的研究，学者们纷纷就资源型城市转型做了一系列的研究。从 Lucas（1971）对资源型城市的形成阶段进行划分开始，后来 Beadbury（1982）和 St. Martin（1985）对此进行了批判性的补充；最著名的是 Auty（1993）在研究产矿国经济发展的问题时首次提出了“资源诅咒”的概念，即丰裕的资源和经济增长之间是负相关的。后来美国经济学家 Sachs 和 Wamer（1995）建立模型对此观点进行验证。进入 80 年代以后，国外对资源型城市的研究发生了重大转变，更多的是对城市生态化发展、可持续发展进行研究。学者们就全球经济一体化和网络经济等新的时代背景下资源短缺、资源控制与可持续发展战略进行了系统的研究。AnnMari Jansson

(1994)、Rorbert Costanza (2006) 研究了自然资本与一个地区的生活质量和可持续发展的关系。布雷科理探索了地方经济的发展与资源控制之间的关系。Priemus (1999) 引入环境链，指出生态环境及物质流对城市系统可持续发展的影响。Van Beers D. 和 Bossilkov A. (2007) 以澳大利亚的奎那那和格莱斯顿为例，研究澳大利亚矿产资源型产业的发展，认为区域矿物资源加工业的协同为矿产资源的可持续利用提供了方向。Corder G.，Schand L. H. 和 Poldy F. (2008) 对澳大利亚资源使用轨迹进行研究，认为澳大利亚依赖经济协调发展的资源使用标准，形成了环境与经济协调发展系统。Lehtoranta S. 和 Nissinen A. (2011) 以芬兰纸浆和造纸厂为例研究资源型产业生态化发展，认为欧盟的可持续生产和消费政策有效地促进了资源型产业共生和生态产业园的发展。

1.2.1.2 产业生态化相关研究

生态产业和产业生态学相关研究受到国内外学者的普遍重视，德国、比利时、美国、荷兰、日本、瑞士等国家的政府也积极推进产业生态化的实践。国内外学者从不同方向、不同角度对该问题展开广泛研究。总结起来，主要有以下几个方面：

(1) 概念界定。1989 年 9 月，通用汽车公司研究部的副总裁罗伯特·福布什 (Robert Frosch) 与该公司发动机研究专家尼古拉斯·加罗布劳斯 (Nicolas Gallopoulos) 在美国科普月刊《科学美国人》上公开发表了《制造业发展战略》一文，提出来可以运用新的发展模式，降低工业发展对生态环境的破坏，从而促进工业的可持续发展。这一观点开启了人们对产业生态化的研究与探索。

随后学者们从不同的视角对产业生态学的定义进行界定，目前还没有一个可以被大家广泛接受的定义。基于不同的研究视角主要有以下几个方面的定义：仿照生态学的学科内涵，基于产业生态学产生和发展的视角认为其是一门运用多学科集合的理论和方法，来探索经济系统与环境系统融合发展的综合性的交叉科学；基于产业生态学的研究目标和研究对象，认为产业生态学是探索如何实现产业生态化这一目标的方法与技术的一门学科；基于生态系统的视角，学者们提出完善产业系统是产业生态学的核心内容；基于产业生态学发展的意义及其与可持续发展之间的关系，认为产业生态学是实现可持续发展的有效措施。

比较有代表性的观点主要有以下几种：

苏伦·埃尔克曼 (S. Erkman，1998) 指出，产业生态研究产业系统如何运作、规制及其与生物圈的相互作用，并基于我们对生态系统的认知，来决定如何进行产业调整以使其与自然生态系统的运行相协调。他进一步归纳了工业生态学的三个基本因素：①工业生态学是一种关于工业体系所有组成部分及其同生物圈关系问题的一体化分析视角；②科技动力是工业体系的一个决定因素，有利于从生物系统的循环中获得知识，把现有的工业体系转换为可持续发展体系；③工业生态学的观点主要用非物质化的价值单位来考察经济。

Micah D. Lowenthal 和 William E. Kastenberg（1998）通过研究认为，产业生态是充分运用生态学分析问题的视角、原则和工具探索产业系统可持续发展问题，具体内容包括系统的物质、能量和信息的流动过程及其对社会和环境的影响。

耶鲁大学的勃拉登·阿伦比（Braden R. Allenby，1999）和托马斯·格雷德尔（Thomas Graedel，1999）在其著作《产业生态学》中，揭示了生态学中的生物组织与产业中的企业组织的相似性，重点从企业与环境的协调发展中描述产业生态学的学科性质及其研究内容。他们将产业生态学的基本概念阐述为：产业生态学是人类在经济、文化和技术不断发展的前提下，有目的、合理地去探索和维护可持续发展的方法。产业生态学要求协调地看待产业系统和周围生态系统的关系。这是一种试图对整个物质循环过程——从天然材料、加工材料、零部件、产品、废旧产品到产品最终处置加以优化的系统科学，需要优化的要素包括物质、能量和资本。因此，产业生态学是从产业生态系统的角度评估和降低产业活动的环境影响的科学。

保罗·霍肯（Paul Hawken，2000）在《商业生态学》一书中将产业生态定义为：产业生态第一次提供了一种大规模、整合的管理工具来设计产业基础结构，使其成为一系列相互关联、与全球自然生态系统密切相关的人工生态系统。产业生命周期分析方法第一次将生态系统的概念应用到整个产业运作当中，将各个企业的“新陈代谢”联系起来。他利用生态思想系统探讨了商业活动与环境问题的相互关系，指出环境保护问题的关键是设计而非管理问题，创造一个可持续发展的商业模式才是唯一的真正出路。

（2）产业生态系统的研究。关于产业生态系统的研究，最著名的理论莫过于 Braden R. Allenby（2005）提出的产业生态系统三级进化理论。一级产业生态系统是线性模型，从无限资源到无限废料；二级产业生态系统是从有限资源到有限的废料，系统内部资源和废物的进出量受到资源数量与环境容量的共同制约；三级产业生态系统是封闭循环系统，资源和废物只是不同生产环节的一个相对概念，一个过程的代谢物是另一过程的资源，整个生态系统与外部的联系就只有吸取外部的太阳能，这是理想的产业生态系统。Allenby 提出一个理想的产业生态系统包括四类主要行为者：资源开采者、处理者（制造商）、消费者和废料处理者。

20 世纪 70 年代，美国 R. U. Ayres 对产业生态系统的工业代谢进行研究，首先提出工业代谢的概念，他探索性地研究经济发展过程中物质与能量流动及其对生态环境的影响。工业代谢理论类比分析工业系统与生物系统、企业与生物个体的相似性及其区别，提出经济系统是许多企业通过管理制度，将工人、消费者、政策以及货币结合在一起的一个系统集合。Szonpek 和 Goonan（2000）研究了含汞原料在美国的物质流动过程，并发表研究报告。另外，OECD（2008）提出了

物质流账户的分析框架。该理论通过对工业系统中原料与能源流动的分析，包括原料的采集、生产、消费和最终处置的过程，探索这些物质和能量流动对社会、经济和环境的影响，研究如何有效削弱其影响。

（3）产业生态化方法的研究。物质减量化产业生态化方法。物质减量化又称“非物质化”，是指降低产业生产过程中的物料消耗和能源强度。物质减量化是为了解决经济发展与环境之间矛盾关系而提出的一种研究思路，即在世界人口迅速增长的背景下，如果人类既想享有高水平的生活，又想把环境的影响降到最低限度，那么只有利用同样多的、甚至更少的物质获取更多的产品和服务。Labys 和 Waddell（1989）认为，矿石等原材料的需求会经历数个阶段，与成熟工业有关的低质量材料会被高质量或者技术更强的物质材料所取代。Bernardini 和 Galli（1993）认为，物质减量化是指经济活动中原材料利用强度的减少，其衡量指标是以物理单位元所表示的物质消耗量同国民生产总值（GDP）的比值。

产品生命周期管理的产业生态化方法。产品生命周期管理是基于生命周期评价的一种面向产品系统的环境管理工具，也是实现产业生态化的重要措施之一，目前一些国家积极探索基于生命周期的思维，制定新的废物管理计划。生命周期评价的概念是由国际环境毒理学与化学学会（SETAC）在 1990 年首次提出的。关于什么是“生命周期评价”有多种观点，主要观点有以下几种：一是美国环保局认为，“生命周期评价”是对初从地球获得原材料开始，到最终所有的残留物质返归地球结束的任何一种产品或人类活动所带来的污染物排放及其环境影响进行估测的方法。二是国际环境毒理学与化学学会认为，“生命周期评价”是全面审视一种工艺或产品“从摇篮到坟墓”的整个生命周期有关的环境后果。三是美国 3M 公司认为“生命周期评价”是指在从制造到加工、处理乃至最终作为残留有害废物处置的全过程中，探索如何减少或消除废物的方法。四是国际 GB/T24040－1999（ISO－1997）将“生命周期评价”定义为，对在一个产品系统的生命中输入、输出及其潜在环境影响的分析与评价。Sokka L. 和 Lehtoranta S.（2011）认为，运用生命周期评价评估产业共生系统对环境影响的时候，应当考虑其上游产业，不能仅仅研究产业共生生态系统内部。一些学者积极探索基于产品生命周期评价，制定有效的工业废物管理制度。Palmer P. F. I.，Puig R.，Bala A. 和 Baquero G. 等（2011）认为，欧盟应当基于产品生命周期管理的思维制定有效的工业废物管理政策。

为环境而设计的产业生态化方法。为环境而设计（DEF）是一种产品设计的理念，也是实现产业生态化的重要方法。它是由美国环保局于 20 世纪 90 年代提出的，其主要目的是帮助企业尤其是小企业在设计和重新设计产品和工艺时，更多地考虑环境因素，通过利益相关人之间的合作，使人们自觉地保护和改善环境。另外，为环境而设计的产品能减少与该产品生产、使用、回收、处置有关的健康、安全、环境方面的危害，从而使产品的经济效益和环境效益达到最佳组合。

延伸生产者责任制度的产业生态化方法。延伸生产者责任制度来源于1991年的“德国包装材料条例”，要求包装材料生产者负责处理包装废弃物。Thomas Lindhqvist（1992）提出了延伸生产者责任的定义：为了实现降低产品的总体环境影响这一环境目标，要求产品的生产制造者对产品的整个生命周期，特别是产品使用寿命终结后产品的回收、循环利用和最终处理承担责任。它迫使生产者在产品设计和材料选择时考虑更多的是环境因素，降低产品生命周期各个阶段的资源消耗和对环境的排放，从而达到降低总体环境影响的目标。延伸生产者责任制度的最终目的是通过开发环境友好型产品和产品的回收利用达到可持续发展的目的。Manomaivibool P. 和 Vassanadumrongdee S.（2011）研究废弃电器电子设备回收问题，认为延伸生产者责任制度相关政策设计应当更具有弹性，争取不同渠道资金支持环境友好型产品政策。

工业共生的产业生态化方法。20世纪70年代丹麦卡伦堡工业共生体的出现和所取得的进展，为工业生态理论提供了现实的模型。20世纪90年代初，以美国康奈尔大学（Cornell University）为首的一些学者提出了生态工业园区（Eco－Industry，EIP）的概念。EIP的基本概念源于工业生态学，主要是针对西方工业现代化过程中日益显现的环境、生态等困扰社会可持续发展的核心问题，提出向自然生态系统学习，把人造的工业体系融入整个生态圈中，从而减少了工业生产过程对自然生态环境的影响，并能通过密切产业联系，加强废物利用，达到降低生产成本的目的。Cote，Hall，Lowe，Moran和Holmes（2001）等分别从EIP的目标角度及EIP内在合作机制给出EIP定义。Lowe和Warren指出生态工业园区的本质特征在于企业间的合作及企业与自然环境之间的互动。合作和互动是自发的，成员具有较高的积极性以保证EIP的效率，其主要动力在于利益的驱使。通过废物的交换、信息的交流、管理的配合将使每个成员包括企业、社区和政府获得利益。Lowe和Moran等学者认为，由于EIP的基础在于资源的高效利用与回收，因此每一个EIP都应有一体化的资源再生体系作为园区运转的支撑，这是EIP区别于其他园区的特征，也可称之为生态基础设施。Lowe还建议EIP应成立管理资源再生的投资公司，成为园区的有力组织和协调者，对网络中的物资获取、流动和再利用等进行调节。EIP成员之间的废物流动本质上是市场机制作用下的供需关系。Chertow M. R.（2007）认为，环境和经济协调发展的潜在工业共生是客观存在的，但是有待于研究发现和培育。Van Beers D. 和 Corder G.（2007）认为，澳大利亚矿产行业的工业共生得益于矿产加工企业、研究机构和政府组成的可持续资源处理中心的推动。Costa I. 和 Massard G.（2010）认为，工业共生的产生和发展更重要的是

来源于政策和立法的推动，他们建议政府制定合理有效的政策促进工业共生的发展。

（4）关于产业生态化与企业竞争力的研究。产业生态化能够有效地提高环境质量，从而提升人类的生活质量，这是环境学家和经济学家普遍认可的结论。但是，在产业生态化和微观企业之间一直存在矛盾。传统新古典经济学家认为，产业生态化所实现的社会效益必然增加企业的私人成本，降低企业竞争力。美国经济学家 Tafe（1995）认为，美国经济之所以经历 10 多年的贸易赤字，主要是因为美国实施了环境管制政策，环境保护造成经济过高的成本，严重妨碍了厂商生产力的增加及在国际市场上的竞争力。相反，丹尼尔·C. 艾斯提（Daniel C. Esty，1998）和迈克尔·波特（Michael Porter，1998）提出了捍卫环保的主张，他们认为产业生态的思想通常会有助于企业优化其资源生产效率的努力，进而会提升企业的竞争力。产业生态的系统观可以帮助企业在其内部及上下游供应链之间寻找增加附加值或降低成本的途径。Michael Porter 与 Class Linder（2003）进一步详细解释了产业生态由创新而提升产业竞争力的过程。他们认为只有在静态模式下，产业生态与企业竞争力是有矛盾的。但是，国际竞争力早已不是静态模式，而是一种新的建立在创新基础上的动态模式。具有国际竞争力的厂商并不是因为使用较低的生产投入或拥有较大的规模，而是企业本身具备了不断改进和创新的功能，竞争优势的获得也不再是通过静态效率或固定条件下的最优化来形成，而是通过创新和技术进步来提升竞争力。因此，必须以动态的观点来衡量生态化与竞争力的关系。厂商在从事污染防治过程中，开始可能会因为成本增加导致竞争力下降，尤其是在国际市场上面对其他没有采取污染防治措施的厂商，更可能出现暂时的竞争劣势。但是，这种情况只是暂时的，随着新技术的利用，就会提高生产率，进而提高企业竞争力。因此，从动态的角度来看，生态化会引发企业创新，从而提升企业竞争力。

（5）关于企业生态学的研究。一些学者基于生态学的视角研究企业的竞争行为，这方面研究虽然未形成主流，但是有一定的成果。Hannan 和 Carroll（1992）在其专著中用种群的生态密度来描述产业集中度的变化规律，并对企业何时进入或者退出一个产业给予决策支持。Richard L. Daft（1998）在《组织理论与设计摘要》这本著作中利用种群生态学的概念论述了有关组织间的冲突与协作。Forbes L. C. 和 Jermier J. M.（2010）认为，企业生态化的发展应当注重环境伦理与生态经济的协调。A. N. Sarkar（2013）认为，企业的生态化创新能够有效提升其资源效率和社会形象。

1.2.2 国内研究动态

1.2.2.1 资源型产业发展研究

新中国成立之初，在资本主义的封锁和历史原因的双重作用下，我国不得不加大对重工业基地建设的投资力度，对矿物能源和原材料的需求也相应地急剧增加，资源型产业也就应运而生，而且发展速度较快。这一阶段关于资源型产业的研究与资源型城市紧密结合在一起，重点研究了资源型城市的选址、布局与建设，以及资源产量的提升等资源型城市和资源型产业问题。人们对于资源型产业的认识还被限制在资源无限的观点之上，理论探索刚刚展开（宋永昌，2000）。

改革开放以来，伴随着国家总体发展战略的调整，尤其是在经济体制由计划经济逐渐向商品经济过渡的影响之下，资源型城市和资源型产业可持续发展问题逐渐凸显。如经济效益降低、经济发展速度放缓、失业率不断上升，一些学者对资源型城市和资源型产业可持续发展进行了研究，研究成果主要集中在资源型产业综合发展、布局规划、产业发展过程中高新技术的引入以及西部资源禀赋条件突出的区域资源型产业生态化发展。李文彦（1978）在《煤炭城市的工业发展与城市规划》一文中首次提出煤炭城市工业的综合化发展问题，分析了资源型城市综合发展的必要性及其发展方向，并总结分析了煤炭城市资源型产业综合发展的主要类型，即以煤—电—化为中心的工矿业基地、煤炭与地方工业相融合的工矿中心以及多门类综合发展的重工业基地。苟护生（中国经济时报）认为，随着高新技术的发展，许多资源型产业被归入“夕阳产业”，但是，资源型产业的发展并没有停止。林毅夫（1996）认为，一些欠发达国家或地区实施了重工业优先的发展战略，这违背了比较优势的基本思想。同时，他认为广大西部地区发展对资源的过度依赖会产生创新的惰性，满足于资源的开采和简单加工所获取的效益，从而阻碍了西部地区经济发展过程中的管理、技术和制度的创新。刘姝威（2002）指出，能源、原材料将逐渐成为制约我国国民经济均衡发展的瓶颈因素。刘粤湘、赵鹏大（2002）认为，为了进一步实现我国矿业的可持续发展，需要积极将高新技术引入到矿业的发展过程当中，推动建立非传统的矿业发展的新体系。田金平、陈吕军（2012）对杭州湾精细化工园区硫的物质流进行分析，研究发现只有65%的硫元素进入成品，35%的硫元素转化成固体、液体和气体废物，并提出提高硫利用效率，优化产业结构和该产业生态化发展的措施。2006年，中国社科院西部发展研究中心的研究报告《西部地区经济结构调整和特色优势产业发展研究》认为，西部地区应当积极建立起全国性的十大特色产业基地，立足重点区域与重点领域，使产业基地建设逐渐走上特色化、集群化和专业化的发展道路，严格防止各地开展低水平的产业重复建设。充分利用西部地区资源优势的能矿资源开发以及高耗能产业应当成为首当其冲的重点发展领域。

1.2.2.2　产业生态化研究

20世纪90年代初期，我国的一些从事工业清洁生产的专门工程技术人员将产业生态学称为工业生态学。后来一些经济和生态学家则从经济和产业发展的角

度将其译为“产业生态学”。中国科学院生态环境研究中心王如松（2000）等提出，产业生态学是一门系统科学，其主要研究对象是社会经济活动过程中的自然资源从源、流到汇的全代谢流程，以及与此相关的生产、消费、调控行为的动力机制、组织管理制度及其与生命支持系统之间的相互关系。樊海林（2004）等则认为，产业生态的思想根植于系统分析过程之中，是可持续发展在具体实践层面的体现。他从广义和狭义两个维度来定义产业生态化，首先广义的产业生态化是指原则和理念的层次的产业生态，其主要目的就是优化资源的使用效率，该层次的产业生态适用于所有的企业；其次是狭义的产业生态化，主要内容是指模仿自然生态系统的理念，推动产业系统内部不同类型产业以及产业不同流程之间的横向共生和纵向耦合，以此来实现物质和能量利用率的最大化和废弃物排放的最小化。关于我国产业生态化发展的相关研究，总体来讲，主要集中在以下几个方面：国外文献资料的翻译及分析、内涵、特征与评价、生态产业共生网络、产业生态化模式与路径。具体内容如下：

（1）产业生态化内涵。产业生态化是产业生态学理论指导下的产业发展的高级形态，是可持续发展理念的深度延伸。根据各个学者研究的侧重点和视角不同，产业生态化内涵主要有以下几种观点：

从生态系统的角度理解和定义产业生态化。黄志斌（2000）等认为，产业生态化就是把作为物质生产过程主要内容的产业活动纳入生态系统的循环中，把产业活动对自然资源的消耗和对环境的影响置于生态系统物质能量总交换过程中，实现产业系统和生态系统的良性循环和可持续发展。他指出，产业生态化是保证我国经济增长方式由粗放型向集约型转变，实现社会、经济、生态可持续发展的重要途径。其关键是要把产业活动纳入到自然生态系统的大循环之中，以达到生态效益和经济效益的统一。

从产业系统的角度理解和定义产业生态化。郭守前（2002）将产业生态化创新定义为，把产业系统视为生物圈的有机组成部分，在生态学、产业生态学等原理的指导下，按物质循环、生物和产业共生原理对产业生态系统内及各组成成分进行合理优化耦合，建立高效率、低消耗、无污染、经济增长与生态环境相协调的产业系统的过程。他指出产业生态化创新是一个内生于整个生态系统的改革、创造新的人工生态和社会经济系统的生态化过程，及社会生产、分配、流通、消费到再生产过程的生态化。邓伟根（2010）产业生态化以人类产业系统与自然环境的相互作用和协调发展为研究对象，是产业经济理论体系中的一个重要组成部分，是产业经济学有关解决资源环境与生态问题的一个重要研究领域。

从生态链的角度理解和定义产业生态化。厉无畏（2002）认为，产业生态化是按照自然生态的有机循环思想建立起来的产业发展模式，通过在不同类型的工业企业以及产业之间构建类似于自然生态链的物质能量流动关系，实现资源充分利用，降低污染物排放，消除产业发展对生态环境的破坏，推动经济发展质量的不断提升。袁增伟（2004）等则认为，产业生态化就是在产业生态学的理论指导之下，采用经济、生态和系统工程的方法来对传统产业进行运作管理，以此来实现经济、社会和生态效益的统一。

（2）产业生态化特征及评价。产业生态化是以生态系统为基础的价值链系统，是模拟生态系统而建立起来的生产工艺体系，实质是一个生态经济系统。其主要特征为：产业对生态系统的作用及自然资源的开发利用要遵循生态系统的内在规律；“废物”的资源化；产业生态价值链必然是闭路循环改进工艺设计；促进产品与服务的非物质化。生态效率（Eco - efficiency）是产业生态化的重要评价标准，它又被称为生态效益，是一个发展中的新兴概念。1992 年，世界工商企业可持续发展理事会（WBCSD）在向里约会议提交的报告《变革中的历程》中首先提出这一概念，积极推动将经济与生态从矛盾对立转化为协调相容。效率的本质是以较少的投入换取较高的产出，生态效率则是指以生态为前提的效率，其本质要求是企业生产层次上物质和能量的循环，从而达到污染排放的最小化目标。生态效率既可以作为衡量一个产业生态化程度的指标，也可以评价产业总体的生态化水平。生态效率就是经济社会发展的价值量与资源的消耗量之间的比例关系。基于生态效率这一概念，学者们展开了广泛而深入的研究，如分析生态效率与自然环境及环境成本之间的关系，提出控制环境成本的途径和措施；运用生态效率评价城市产业生态转型。关于生态效率如何能够获得环境与产业双赢的经验，学者们提出“成本洞穴引起的隧道效应”，其含义是指如果一个公司向一个有益于环境的产品开发努力，那么结果并不是投资回报的减少，相反却是成本的降低。不仅在环境领域，一些经济学家对生态效率也很感兴趣，在 1999 年 2 月的世界经济论坛上曾提出“生态效率：绿就是金”的观点。王晶（2012）、杨天祥（2013）将生态效率用于研究区域环境、经济和社会协调可持续发展问题。近些年学者们积极探索采用构建综合指标系统的方法来衡量产业生态化发展水平。邹伟进（2010）构建产业生态化发展指标体系，综合运用层次分析法和系数变异法来评价我国钢铁产业生态化发展水平。陆根尧、盛龙等（2012）则构建产业生态化水平综合评价指标体系，运用因子分析与聚类分析相结合的分析方法，对我国各省（直辖市、自治区）的产业生态化水平进行静态和动态评价。

（3）生态产业共生网络。国内学者对生态产业共生网络进行了积极的探索，研究内容主要集中在生态产业共生网络的形成机理及其产生的效益。生态产业共生网络是基于各类企业的经济、环境和社会方面的协作而构建的企业之间关系的复杂的网络系统，环境合作是生态产业共生网络的重要内容，主要目标是提供资

源的生产能力和生态效率。刁晓纯（2007）对产业生态网络的推进效果进行了实证分析，认为产业生态网络的实施效果可以分为四个层次，运用探测性因子分析实证检验并解释结构开发、结构柔性、价值增值和环境协调共同构成的生态产业共生网络的推进效果。袁增伟（2007）则以产业生态网络内部企业的环境责任作为切入点，基于环境伦理的视角分析生态产业共生网络的五类环境责任，从技术可行性分析、经济可行性分析和社会环境可行性分析三个方面提出了产业生态网络的分析框架。孙博、王广成（2012）认为，矿区生态产业共生系统的稳定性不仅要从系统内部各个成员自身出发，相互合作并形成较强的凝聚力，在获取利益的同时长期稳定发展；还要加强系统外部政府的监管，发挥政策优势，推动成员企业长期稳定发展。

（4）产业生态化模式与路径研究。关于产业生态化模式方面研究，耿焜（2006）以苏南地区的产业集群发展作为研究对象，提出整个社会的产业生态化发展需要多方面参与，政府、行业协会以及微观企业应当积极配合，推进构建生态化的产业共生系统。吴群英、汪少华（2006）以“中国皮都”水头镇的制革产业为例研究实施产业生态化可持续发展的模式，通过研究他们提出了产业生态化发展的具体模式，并从企业、集群和制度三个维度提出了产业生态化发展模式的具体实现途径。吴荻（2012）提出以产业集群为载体，拉动区域基础产业、支柱产业和潜导产业生态化发展的区域产业生态化发展模式。

关于产业生态化发展路径方面的研究，郭莉、苏敬勤（2004）提出，产业生态化的发展实践正在沿着两条路径推进：一是生态工业园区建设；二是区域范围内的副产品交换。他们从管理手段、环境效益和经济效益三个维度对两条路径进行对比分析，得出理想的路径选择是将两者结合起来的产业生态网络的结论，即在生态工业园和区域副产品交换的基础上建立产业生态共生网络将是产业生态化发展的路径选择。林云莲（2010）则从工业代谢的视角提出了资源型产业生态化发展应当积极通过模拟自然生态系统中的新陈代谢过程改造现有的产业系统。袁宇、李福华（2012）研究了我国高新区产业生态化发展路径，探索性地提出了实现产业生态化发展的四条关键性生态链的构建，即能量梯级利用的生态产业链、物质循环利用的生态产业链、信息流动链以及水循环利用的生态产业链，同时认为应当从企业、产业和区域三个维度来积极推进产业生态化发展。郭景福（2013）探索“新产业区”产业生态化发展路径，提出了产业规划生态设计、产业选择设定“生态门槛”、延长纵向产业链以及搭建专业化废弃物处理与资源再利用平台的产业生态化发展路径。

1.2.2.3 新疆相关研究

关于新疆资源型产业发展的研究主要集中在其循环经济发展、可持续发展以及产业集群发展方面。刘怀玉（2010）从循环经济的视角研究新疆煤炭资源的可持续发展，构建煤炭产业从单一线性模式走向以“3R”原则为主要方式的多重循环的煤炭产业可持续发展模式。肖春梅（2010）从资源环境约束的视角下探讨新疆资源型产业集群的升级与转型，提出了通过产业创新、服务创新、理念创新、创新主体培育和创新人才培养等措施，实现资源型产业集群的升级与转型，促进新疆经济社会的可持续发展。倪天麒、王静、杜宏茹（2012）认为新疆资源型产业的发展将以生产的清洁化、产业的生态化、资源的节约化、装备的技术化为现代特征。

关于新疆产业生态化发展的研究则较少，研究成果缺乏系统性。冯琳、孙宝生（2009）提出“一个综合”是科学构建新疆工业循环经济的前提，“两类循环”可促进新疆产业生态化与污染治理产业化和动脉产业与静脉产业的有机统一，“两个体系”为疆内工业循环经济的持续推进和优化完善提供有力的保障机制。裴青萍（2010）对新疆旅游业生态化发展进行了实证分析，指出新疆旅游产业生态化发展应该实行政府主导型的发展模式即政府主导、社会参与、市场运作、企业经营。李莉、宋岭（2010）指出，新疆发展煤化工必须考虑产业系统因素，资源环境因素及技术、信息等支持系统因素，并积极推进煤化工产业的生态化转型，强调构建产业生态系统是获得煤化工产业可持续发展的必然选择。葛文（2010）对新疆天业生态工业系统进行了分析，对天业在构建生态工业和发展循环经济中所采取的措施进行了总结，即坚持大循环与小循环相结合、能量和水资源高效利用，应用关键链接技术，注重经济效益和社会效益的结合。

通过国内外相关文献的综述，可以看出国内外相关的研究呈现出以下特点：

第一，产业生态化理论研究相对薄弱。一方面，由于产业生态学是一门崭新的学科，关于产业生态化的研究还不多，基础理论研究较少。另一方面，关于产业生态化的概念界定有分歧也有共识。各学者研究视角不同，侧重点也不相同，但有两点是一致的：一是产业生态学的综合性，即产业生态学是一门探讨产业系统与自然生态系统相互关系的交叉科学；二是强调产业生态化过程中系统性思想的重要性，重点是产业主体多样化、产业投入减量化、产业发展共生化、产业价值链延伸化、产业体系系统化。

第二，产业生态化路径研究偏重于以一定区域作为研究对象。现有关于产业生态化路径的研究大都是以一定区域为研究对象，提出的产业生态化路径过于宏观，缺乏针对特定产业的产业生态化路径的综合考虑和系统研究，尤其是对资源型产业生态化发展路径的系统研究不足。

第三，针对新疆这类资源富集区域资源型产业生态化路径研究较少。随着可持续发展理念的深入，20 世纪 80 年代国外发达国家学者提出资源型城市资源型产业生态化发展的理念，并且逐渐成为西方资源型产业发展实践和学者研究的热点领域。我国学者对新疆这类资源富集区域的资源型产业生态化发展的必要性进行了一定的探索，但是对于资源型产业生态化发展路径缺乏系统而深入的研究。本书立足新疆这一资源富集区域，研究资源型产业生态化发展路径。

1.3 研究思路与内容

1.3.1 研究思路

本书在对相关概念界定和基础理论综述的基础上，第一，分析新疆资源型产业生态系统，探索资源型产业生态系统存在的缺陷，指出资源型产业生态化发展的必要性。第二，在从技术路径和制度路径两个方面分析新疆资源型产业生态化发展路径变迁的基础上，从资源效率和环境效率两个方面构建新疆资源型产业生态化发展水平测度指标体系，运用熵值法测度新疆资源型产业生态化发展水平以及产业生态化发展的资源效率和环境效率，比较分析新疆不同类型资源型产业生态化发展水平演进，探索新疆资源型产业生态化发展水平演进的基本特征。第三，对新疆资源型产业生态化发展的经济绩效和社会绩效进行评价。第四，构建包括节点层、网络层和外围层三个层次的新疆资源型产业生态化发展影响因素的理论框架，实证分析新疆资源型产业生态化发展的影响因素，对新疆资源型产业生态化发展路径进行反思。第五，比较分析国内外资源型产业生态化发展路径及其对新疆的启示。第六，分析新疆资源型产业生态化发展的目标以及生态化发展路径构建的原则、思路、重点，指出新疆资源型产业生态化发展路径，即资源型企业技术创新的资源型产业生态化、生态工业园建设的资源型产业生态化、产业结构优化的资源型产业生态化、区域产业副产品交换的资源型产业生态化、区域循环产业集群构建的资源型产业生态化。第七，提出新疆资源型产业生态化发展路径的保障措施，即构建资源型产业生态化发展的市场体系、完善资源型产业生态化发展的政策法规体系、建立资源型产业生态化发展的科技创新体系、建立资源型产业生态化发展的行政管理体系。

1.3.2 研究内容

在概念界定与理论阐述的基础上，本书拟选择新疆具有代表性的煤炭、石油、天然气为基础的资源型产业作为研究对象，主要研究内容包括七个部分，具体如下：

第一部分：新疆资源型产业生态系统状况。第一，从新疆资源型产业发展规模、布局和结构三个方面对新疆资源型产业状况进行分析。第二，从新疆资源型产业生态系统关系矩阵、支撑矩阵和相关利益主体的角色博弈三个方面分析新疆资源型产业生态系统结构。第三，分析新疆资源型产业生态系统的功能与特征。第四，探索新疆资源型产业生态系统存在的缺陷，即产业生态系统缺乏多样性、产业生态系统能量流动链条短、产业生态系统构成要素缺乏互补性。第五，指出新疆资源型产业生态化发展的必要性。

第二部分：新疆资源型产业生态化发展水平测度分析。首先，从技术路径和制度路径两个方面分析新疆资源型产业生态化发展路径变迁。其次，从资源效率和环境效率两个方面构建新疆资源型产业生态化发展水平测度的指标体系，利用熵值法测度新疆资源型产业生态化发展水平以及产业生态化发展的资源效率和环境效率。再次，从产业生态化发展水平演进过程中的效率、组织模式和技术条件三个方面对以煤炭、石油、天然气为基础的不同类型资源型产业生态化发展水平演进进行比较分析。最后，分析新疆资源型产业生态化发展水平演进的特征。

第三部分：新疆资源型产业生态化发展绩效评价。首先，建立包括产业生态化发展变量的柯布—道格拉斯生产函数，运用计量经济学的 ARMA 模型对新疆资源型产业生态化发展水平及产业生态化发展的资源效率和环境效率的宏观经济绩效进行测度分析；构建新疆资源型产业微观经济绩效的评价模型，运用面板数据的固定效应模型和随机效应模型对比测度分析资源型产业生态化发展的微观经济绩效。其次，在运用熵值法测算新疆资源型产业发展社会效益的基础上，建立面板数据模型，综合运用面板数据模型的混合最小二乘法（POLS）与广义差分矩估计（GMM）对新疆资源型产业生态化发展水平及产业生态化发展资源效率和环境效率的社会绩效进行测度分析。最后，对资源型产业生态化发展绩效进行综合评价。

第四部分：新疆资源型产业生态化发展影响因素分析。首先，构建包括节点层、网络层和外围层三个层次的新疆资源型产业生态化发展影响因素的理论框架，对新疆资源型产业生态化发展影响因素及其作用机理进行定性分析。其次，从节点层、网络层和外围层三个层次选择新疆资源型产业生态化发展影响因子，建立多元线性回归模型，对新疆资源型产业生态化发展水平及产业生态化发展的资源效率和环境效率的影响因素进行实证检验。再次，对新疆资源型产业生态化发展不同层次的影响因素进行综合分析。最后，对新疆资源型产业生态化发展路径进行反思。

第五部分：国内外资源型产业生态化发展路径比较与借鉴。首先，对企业创新型美国杜邦模式的清洁生产、政策驱动型德国鲁尔循环经济、市场主导型丹麦卡伦堡工业生态园建设三种国外资源型产业生态化发展路径进行分析。其次，分析企业创新型山东资源型产业生态园、市场主导型大连经济开发区区域范围的资源型产业副产品交换、大同煤炭集团资源型产业共生国内三种资源型产业生态化

路径。最后，分析国内外资源型产业生态化发展路径对新疆的启示。

第六部分：新疆资源型产业生态化发展路径构建。第一，从资源型产业内部协调发展、资源型产业与自然协调发展、资源型产业与社会协调发展三个维度分析新疆资源型产业生态化发展的目标体系。第二，阐述新疆资源型产业生态化发展路径构建的原则，包括政府引导和市场化推进相结合原则、优先确保绿洲生态安全原则、循环利用原则、减量化原则、系统性原则、效益综合性原则。第三，分析新疆资源型产业生态化发展路径构建的思路，包括产业活动与生态环境统一、完善资源型产业生态系统、优化资源型产业能量流动体系、完善资源型产业生态化发展机制。第四，分析新疆资源型产业生态化发展路径构建的重点，包括产业创新能力的提升、区域产业共生体系的构建、循环产业链的构建和产业经济效益的提升。第五，提出新疆资源型产业生态化发展路径，包括资源型企业技术创新的资源型产业生态化、生态工业园区建设的资源型产业生态化、产业结构优化的资源型产业生态化、区域产业副产品交换和区域循环产业集群构建的资源型产业生态化。

第七部分：新疆资源型产业生态化发展路径的保障措施。本部分在前文研究的基础上，提出新疆资源型产业生态化发展路径的保障措施，包括以下几个方面：构建资源型产业生态化发展的市场体系、完善资源型产业生态化发展的政策法规体系、建立资源型产业生态化发展的科技创新体系、建立资源型产业生态化发展的行政管理体系。

1.4 研究方法与技术路线

1.4.1 研究方法

第一，系统分析方法。采用生态系统分析方法对新疆资源型产业生态系统的结构、功能与特征进行分析，探索新疆资源型产业生态系统存在的缺陷；同时，运用系统分析方法构建包括节点层、网络层和外围层三个层次的新疆资源型产业生态化发展影响因素的分析框架，并探索各层次影响因素之间的相互作用。

第二，模型分析方法。建立博弈模型对新疆资源型产业生态系统相关利益主体进行分析；基于熵值法建立新疆资源型产业生态化发展水平综合评价模型，对新疆资源型产业生态化发展水平、资源效率和环境效率进行测度；构建包含产业生态化发展因子的宏观经济增长模型和资源型产业微观经济绩效评价模型来分析新疆资源型产业生态化发展的经济绩效；综合运用动态面板数据模型的广义差分矩估计

（GMM）和混合最小二乘法（POLS）分析新疆资源型产业生态化发展的社会绩效。

第三，比较分析方法。比较分析新疆不同类型资源型产业生态化发展水平演进过程中的效率、组织模式和技术条件差异；对国内外资源型产业生态化发展路径进行比较研究，并对比分析其对新疆资源型产业生态化发展的借鉴与启示。

1.4.2 技术路线

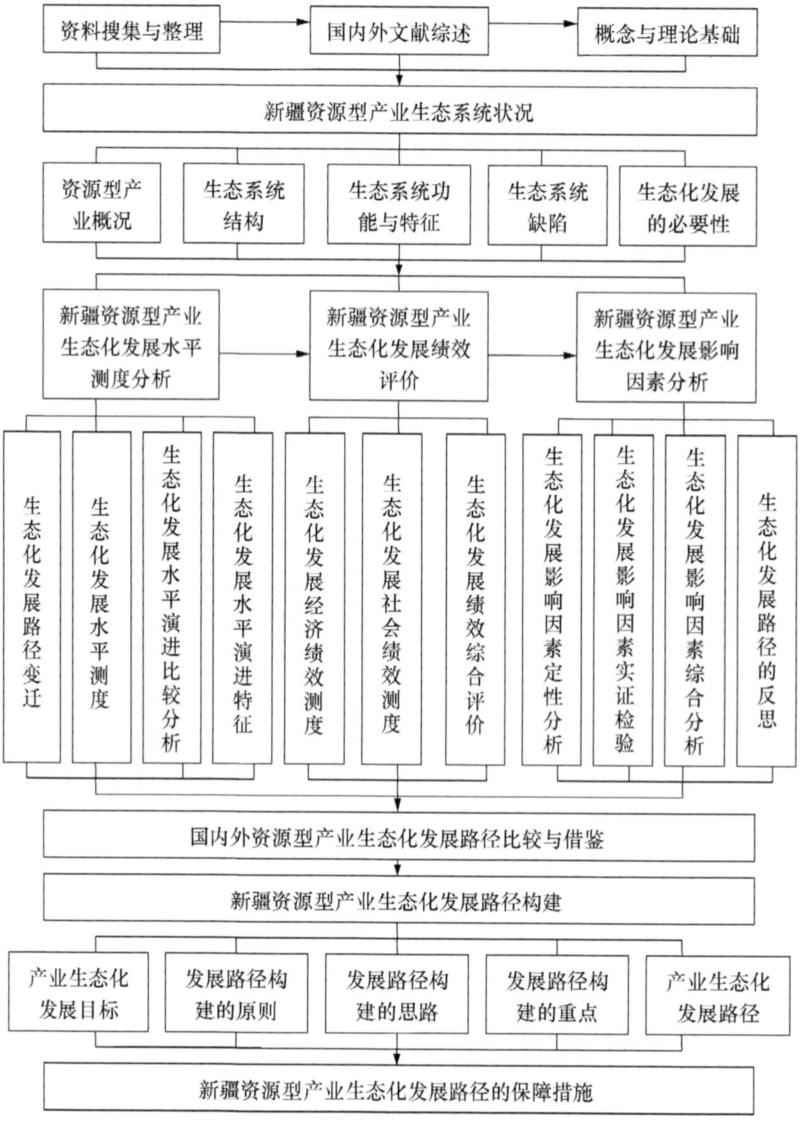

资料搜集与整理 → 国内外文献综述 → 概念与理论基础

新疆资源型产业生态系统状况

资源型产业概况 | 生态系统结构 | 生态系统功能与特征 | 生态系统缺陷 | 生态化发展的必要性

新疆资源型产业生态化发展水平测度分析 → 新疆资源型产业生态化发展绩效评价 → 新疆资源型产业生态化发展影响因素分析

生态化发展路径变迁 | 生态化发展水平测度 | 生态化发展水平演进比较分析 | 生态化发展水平演进特征 | 生态化发展经济绩效测度 | 生态化发展社会绩效测度 | 生态化发展绩效综合评价 | 生态化发展影响因素定性分析 | 生态化发展影响因素实证检验 | 生态化发展影响因素综合分析 | 生态化发展路径的反思

国内外资源型产业生态化发展路径比较与借鉴

新疆资源型产业生态化发展路径构建

产业生态化发展目标 | 发展路径构建的原则 | 发展路径构建的思路 | 发展路径构建的重点 | 产业生态化发展路径

新疆资源型产业生态化发展路径的保障措施

图 1-1 新疆资源型产业生态化发展路径研究的技术路线

1.5 本书创新点

第一，探索从资源型产业横向共生和纵向耦合的视角研究资源型产业发展。本书打破了以往关于资源型产业的发展轻视废物资源化的思想和将废物管理、处置和环境问题交由次要部门处理的低级陈旧运作模式，而是从产业生态学的视角给予废物资源化增值和产品生产与销售以同样重要的地位，探索构建新疆资源型产业生态化发展路径，完善资源型产业生态系统，推动煤、石油、天然气不同类型资源型产业流程以及不同行业横向和纵向共生，使物质和能量的消费得以优化，也使废弃物的产出最小化。

第二，探索定量测度评价新疆资源型产业生态化发展绩效。以往关于产业生态化发展经济和社会绩效的研究大多以定性分析为主。本书构建包含资源型产业生态化发展因子的宏观经济增长模型以及微观企业利润模型，综合运用 ARMA 模型、面板数据的固定效应模型和随机效应模型测算新疆资源型产业生态化发展及其资源效率和环境效率的宏观和微观经济绩效；建立新疆资源型产业发展社会效益评价指标体系，评价新疆资源型产业社会效益，在此基础上综合运用静态面板数据模型（POLS）和动态面板数据模型（GMM）分析新疆资源型产业生态化发展及其资源效率和环境效率的社会绩效。

第三，探索构建新疆资源型产业生态化发展影响因素的理论模型。以往关于产业生态化发展影响因素的研究多从产业生态化内涵的视角选择影响因子的指标进行分析。本书在产业生态学的理论指导之下，基于产业生态系统的特点，探索性地构建资源型产业生态化发展的核心层、网络层和外围层影响因素的理论模型，在此基础上构建三个层次的新疆资源型生态化发展影响因素的指标体系，对资源型产业生态化发展影响因素进行实证检验。

第四，创新新疆资源型产业生态化发展路径。新疆不同类型资源分布相对分散，且不同类型资源型产业生态化发展水平演进的效率、组织模式及技术条件存在一定的差异，不同类型资源型产业生态化发展路径也会存在一定差异。本书探索构建有效的新疆资源型产业生态化发展路径，即资源型产业生态化发展要从资源型产业生态系统的节点层、网络层和外围层着手，通过技术创新、生态工业园区建设、产业结构优化、区域副产品交换和区域循环产业集群构建的产业生态化路径，形成一个结构合理、层次多样、功能完善、能够促进物质和能量在自然一经济系统内高效循环和流动的产业生态系统，同时指出不同区域、不同类型资源型产业生态化发展的具体途径。

第2章　概念界定与理论基础

2.1　概念界定

2.1.1　资源型产业

2.1.1.1　资源

资源指一国或地区拥有的人力、物力和财力等各种物质要素的总称，可分为自然资源、资本资源和人力资源三类。联合国环境规划署（UNEP）将自然资源定义为在一定时间、地点下能够产生经济价值，以此来提高人类当前和将来福利的自然环境因素和条件的总称，包括阳光、空气、土地、水、草原、森林、动物和矿藏等。资本资源则是经过劳动创造的各种物质财富。人力资源通常是指一个国家或地区的总人口中，处于劳动年龄、未到劳动年龄和超过劳动年龄但具有劳动能力的人口之和。《辞海》将资源定义为“资财的来源”，特指天然财源。马克思认为自然资源和劳动力资源是创造社会财富的源泉。《英国大百科全书》将资源定义为人类可以利用的自然生成物及生成这些成分的环境功能。前者包括大气、水、土地、岩石、矿物及森林、草地和海洋等，后者则指太阳能、地球物理化学的循环机能和生态系统的环境机能。

由此可见，一般意义上的资源主要是指自然资源。从不同的角度可将自然资源分成不同类型。依据资源的再生性可将自然资源分为可再生资源和非可再生资源。可再生资源，是指在人类可以控制的一段时期内，通过劳动可以重新利用的资源，如水资源，在有效的保护利用下，水资源可以在生活与生产用水之间被循环利用。可再生资源又可进一步分为两类：一类是可以循环利用的资源，如太阳能、风能、水能、潮汐能等；另一类是生物资源，如鱼虾等。非可再生资源又称

为耗竭性资源，是指在一定时期内和经济技术条件下，这类资源的数量和质量是一定的，被人类利用完之后，转化为其他物质消失了，不能够再被重新利用，比较典型的如矿产资源。可再生资源和非可再生资源是相对的，长期内是可以转化的，如石油、煤炭是非可再生资源，但它们是古生物遗骸在地壳中经过长期物理、化学变化的结果，这也是物质守恒定律的具体体现。资源的再生性与非可再生性的特征暗示我们要充分利用可再生资源，节约高效利用非可再生资源，实现可持续发展。按照资源的可控程度可将资源分为专有资源和共享资源。专有资源指国家控制和管辖的资源。共享资源，如公海、太空和信息资源等。

表2－1 自然资源分类

分类标准	类型	定义
用途	工业资源	进入工业生产领域，为工业生产提供原料和动力的资源，包括可供工业使用的自然环境、自然景观、人文景观和一些特种劳动服务
	农业资源	进入农业生产领域，能够为农业生产和农业经济活动所利用的各种资源总称，包括自然资源和社会资源
	旅游资源	可供人类享用的自然环境、自然景观、人文环境和一些特种劳动服务
	潜在资源	现在虽然已经被认识，但是受技术条件限制尚不能被开发利用，在未来有可能创造社会财富的自然资源
属性	恒定性资源	取之不尽、用之不竭的自然资源，一般被称为“无限资源”或“非耗竭性资源”
	可循环资源	以多种形态存在，可以相互转换，按照一定规律周而复始地循环运动的一类自然资源
	可更新资源	具有自我更新复原的特性，能够被持续利用的自然资源
	耗竭性资源	在人类开发利用下，逐渐减少甚至枯竭的一类资源，也是“有限资源”的一种
种类	气候资源	能够被人类社会所利用的气候要素的物质、能量和条件
	水资源	可供人类利用，能够不断更新的天然淡水
	土地资源	在一定经济技术条件下能够为人类所利用的土地
	生物资源	生物圈中的植物、动物和微生物构成的各种资源总称
	矿产资源	由地质作用形成的，具有利用价值的固态、液态和气态的自然资源

资料来源：《中国资源科学百科全书》。

经济学所研究的资源不同于地理资源（非经济资源）的经济资源，它具有使用价值，可为人类所开发利用。工业经济中，自然资源的占有、利用与配置决定了经济的可持续发展。19 世纪工业革命以来，人类的科学技术水平在不断提高，开发资源的能力持续提升，但煤、石油、铁矿石等发展机器生产的主要资源很快成为短缺资源，逐渐制约经济的持续发展。

矿产资源的开发利用决定着新疆经济的可持续发展。因此，本书所研究的资源是指矿产性资源，即由地质作用形成的，具有利用价值的固态、液态和气态自然资源，具体包括煤、石油和天然气资源。

2.1.1.2 资源型产业

产业，由英国经济学家马歇尔（A. Marshall）最早提出，指某一具有代表性和典型性的生产性行业，主要用于分析微观经济活动中企业最优经济运作。确切地说，狭义的产业是指所有生产性行业、部门和企业，尤其是制造业的所有集合；广义的产业是指国民经济所有部门和行业，包括生产性和非生产性各行各业的所有集合。

现代产业经济学将产业定义为介于微观经济细胞（家庭和企业）与宏观经济单位（国民经济）之间，生产和经营同类产品的企业群。通俗来讲，就是不同类型企业的“集合体”。如社会生产就有工业、农业、商业、教育和文化等产业部门。如果进一步细分就有小的“集合体”。如工业产业部门又包括炼铁、造船、纺织等产业部门；农业部门又包括农业、林业和牧业等产业部门。

按照三次产业分类法，产业可分为第一产业、第二产业和第三产业。该分类方法是 20 世纪 30 年代英国经济学家费希尔（Fisher A.）在其著作《安全与进步的冲突》一书中提出的，随后，英国经济学家柯林·克拉克（Colin Clack）等进一步完善了产业三次分类法。我国根据《国民经济行业分类》(GB/T4754 - 2011）对三次产业划分如下：第一产业指农、林、牧、渔业（不含农、林、牧、渔服务业)，包括《国民经济行业分类》的门类 A。第二产业指采矿业（不含开采辅助活动)，制造业（不含金属制品、机械和设备修理业)，电力、热力、燃气及水的生产和供应业，建筑业，包括《国民经济行业分类》的门类 B、C、D、E。第三产业指除第一、第二产业以外的其他行业，包括批发和零售业，交通运输、仓储和邮政业，住宿和餐饮业，信息传输、软件和信息技术服务业，金融业，房地产业，租赁和商务服务业，科学研究和技术服务业，水利、环境和公共设施管理业，居民服务、修理和其他服务业，教育，卫生和社会工作，文化、体育和娱乐业，公共管理、社会保障和社会组织，国际组织，以及农、林、牧、渔业中的农、林、牧、渔服务业，采矿业中的开采辅助活动，制造业中的金属制品、机械和设备修理业。

资源型产业是指以开发利用资源为主要基础原料的产业，是第二产业的重要组成部分。基于不同的研究视角和研究内容，资源型产业有不同的提法。如资源产业、自然资源产业、资源开发产业、资源型产业和矿产资源产业等。同时资源型产业的具体内涵也不相同。资源型产业代表性内涵有：一是将开发利用所有自然资源的产业，包括矿产资源、农业资源和旅游资源为基础的产业。张复明（2004）提出，资源型产业是指将自然资源作为劳动对象的经济部门，如农业、林业、牧业和采矿业等。资源型产业的发展情况与自然资源具有较强的相关性，处于整个产业系统的基础性地位。基于不同类型的资源，该类型产业可以分为矿产资源型产业、土地资源型产业和森林资源型产业等。二是从广义资源的视角，提出资源型产业包括对自然资源和人文资源的综合利用产业。自然资源主要包括能源资源、矿产资源、土地资源、水资源和生物资源等；人文资源则包括人力资源与文化资源。三是将矿产和能源资源开发为主的产业称为资源型产业，包括采掘业和制造业中的资源加工业，是重工业的重要组成部分。四是从产业链的视角，认为资源型产业是指以资源发现、采选、保护、再生并使资源性资产增值为目的的经济部门，包括资源勘察评价业、资源采选业、资源保护业和资源再生利用业四个层次（李山梅，2005）。五是专指矿业，指以矿产资源和能源资源为基础原料的产业，将采掘业作为资源型产业或者是资源开发产业（胡春力，2003；关凤峻，2004）。六是将矿产和能源资源开发为主的产业称为资源型产业，包括采掘业和制造业中的资源加工业，是重工业的重要组成部分。

本书将资源型产业界定为以矿产资源开采利用为基础的工业部门，是指通过劳动、资金和技术投入而进行的矿产资源的开发与利用、保护与养育、更新与再生、增值和积累的生产事业，包括采掘业和矿产资源加工业。按照我国统计的行业分类方法，资源型产业包括煤炭开采洗选业、石油和天然气开采业、有色金属矿采选业、黑色金属矿采选业、非金属矿采选业、其他矿采选业、石油加工及炼焦业、化学原料及化学制品制造业、橡胶制品业、塑料制品业、非金属矿物制品业、黑色金属冶炼及压延加工业、有色金属冶炼及压延加工业、废弃资源和废旧材料回收加工业 14 个行业。

2.1.2　产业生态化

20 世纪 60 年代，生态学在环境运动的推动之下，取得极大的发展，生态学研究的主流逐渐转向生态系统生态学。学者在探索生态系统的时候发现，系统及其组成部分与环境的不可分割性是其重要特征，并且系统内部有机体之间保持着一种相互依存、相互作用的动态发展过程和状态，于是学者们就结合系统学及生态系统学的整体性、生态适应、生态平衡等原理提出了“生态化”的概念。这里的“生态化”不同于一般意义上的自然生态内涵，而是指事物与环境之间的动态平衡、协同进化的状态和过程，它不仅是对系统生态演化的描述，而且是对整个客观存在表现出来的系统性、层次性、协调性、动态平衡性的高度概括，从哲学世界观和方法论的角度上解释了事物发展过程中相互联系的价值和意义。生态化概念的提出揭示了客观事物发展过程中相互影响、相互作用的客观规律，引导人们从哲学生态学的视角，从整体上去考察事物发展演化的过程，日益成为一种关于发展的理念、思维模式和方法论体系。实践证明，这种发展理念和思维范式越来越凸显其普遍的指导意义，为经济社会可持续发展提供了一个新的研究视角与实践方法。

产业生态化是在产业生态学理论指导下产业发展的高级形态，它是可持续发展在产业层面的具体体现。基于不同的侧重点与研究视角，产业生态化内涵主要有以下几种：①从生态系统的角度研究产业生态化。黄志斌（2000）认为，产业生态化就是将物质生产过程的产业活动纳入生态系统循环之中，从而实现产业系统同生态系统的良性循环与可持续发展。他认为，产业生态化是实现我国经济增长方式由粗放型向集约型转变，能够促进社会、经济、生态协调可持续发展的重要途径。②从产业系统角度理解和定义产业生态化。郭守前（2002）认为，产业生态化将产业系统视为自然生物圈的有机组成部分，依据生态学、产业生态学与系统学的原理，对产业生态系统各组成部分进行合理优化耦合，以建立高效率、低消耗、无污染、经济增长与生态环境相协调的产业生态系统的过程。③从企业层面定义产业生态化。樊海林（2004）提出，产业生态化是操作层面上的可持续发展理念的延伸，其根植于系统分析。他将产业生态化的内涵分为两个层次：一个是广义的产业生态化，即理念和原则层次的产业生态化，主要是优化资源生产效率，该层次产业生态化适用于所有企业；另一个是狭义产业生态化，主要是模仿自然生态系统构建产业生态系统，通过产业生态系统中不同流程和不同行业之间的纵向与横向共生，以及生态系统中不同工艺流程或企业间的横向耦合与资源共享，优化物质和能量的消费，以实现废弃物的最小化。④从生态链的角度研究产业生态化。厉无畏（2003，2006）认为，产业生态化就是依据自然生态系统有机循环的原理建立起来的产业生态化发展模式，在不同工业企业以及不同类别产业之间形成类似自然生态链的关系，从而实现资源的充分利用，减少废物产生，消除环境破坏，提升经济发展质量。袁增伟（2004）提出产业生态化就是根据生态学基本原理，综合运用生态、经济基本规律与系统工程的基本方法经营与管理传统产业系统，以实现社会效益、经济效益与环境效益的最大化。

本书认为产业生态化是依据生态学、产业生态学和系统学原理，对产业生态系统各组成部分进行合理优化耦合，以建立高效率、低消耗、无污染、经济增长与生态环境协调发展的产业生态系统的过程，以此来推进产业发展社会效益、经济效益与生态效益的最大化，重点是产业主体多样化、产业投入减量化、产业发

展共生化、产业价值链延伸化、产业体系系统化。产业生态化与循环经济紧密相连，循环经济是产业生态化的充分条件①，产业生态化是发展循环经济的必然结果，也是循环经济的物质载体。

产业生态化的具体内涵可以从以下几个方面进行理解：第一，将生态化的理念融入产业发展过程之中。“生态化”是一种系统化、整体化、和谐化的统一，也是一种强调统筹的方法论体系。它注重系统的功能效用和结构组合，力求既实现系统内部个体之间的交互作用和协同整合，又实现系统与环境之间的有序循环和动态平衡。将生态化的理念融入产业的发展过程之中就是用生态化的视角去探索产业发展问题，用生态化的方法去解决产业发展过程中出现的经济增长与资源环境之间的矛盾、产业系统内部结构性矛盾以及产业国际竞争力弱化等产业发展逆生态化的问题，契合世界产业发展的潮流，是可持续发展在产业层面的具体体现。第二，产业体系具有生态系统的特质。产业系统是一个人工构建的系统，宏观上来看，它是社会生态系统里面的一个经济子系统，从中观层次上来看，产业系统内部各种类型的产业按照社会发展的需要和自身的禀赋条件合理分工，各自在整个产业系统中占据一个相对稳定的生态位置，相互之间保持一定的比例关系协同进化。从某一产业内部环境来看，行业的规模和组织结构、资源条件等产业生态要素构成产业发展的内部环境，影响着个体的发展，而产业个体的发展和行为模式又反作用于行业发展的内部环境；从产业系统与外部环境的关系来看，产业系统与外部政治、文化、教育、科技等不停地进行着物质、能量和信息的交流。因此，产业系统类似于自然生态系统，不仅具备一般系统的层次性、关联性和整体性的特征，还具备生态系统的生态适应性、协同性、平衡性和开放性的特征，产业生态化发展道路是产业系统特性的必然要求和具体体现。第三，综合运用经济学和生态学的原理指导产业发展的实践。产业系统是经济系统的子系统，实现生态化发展首先要促进经济效益的实现，否则就会失去朝生态化发展的持续动力。同时，将产业系统又是人为设计的一个特定系统，如果背离系统规律和生态学原理，系统内部要素配置就不合理，要素之间就难以形成稳定和谐的内部结构，将产生系统功能的缺失，最终造成产业系统朝逆生态化方向发展。因此，产业生态化发展应当以经济学和生态学的基本原理为指导。第四，构建产业发展低碳循环共生的产业结构。产业生态化发展要模拟自然生态系统构建包括“生产者、消费者和还原者”的产业生态链条，实现产业系统资源的合理配置，以低消耗、低污染和高效率来实现经济发展与生态环境之间的协调。第五，是一个从生态失衡到生态整合的动态演进过程。产业生态化是一个产业发展的生态性逐渐强

① 王晶：《生态经济区产业生态化研究》，江西财经大学博士学位论文，2013年。

化的过程，是一个发展理念逐渐转向技术创新生态化、产业结构生态化、产业生产生态化的演化过程，是产业生态系统从无序到有序、从简单到复杂的演化过程；是一个对自然资源的硬约束依赖性不断弱化，以及对技术、服务和信息等软要素依赖性不断增强的过程；是一个物质能量流动高效化，废物排放减量化的过程。在产业生态化演进过程中，需要处理好“四种关系”，即单个产业内部、产业与产业、产业与社会、产业与生态环境之间的关系；需要协调好“三种要素”，即市场、环境和政策；需要持续优化“三个环境”，即产业发展的外部社会宏观环境、不同产业层次和形式的产业通过纵向耦合、横向共生而成的中观环境以及单个产业内部不同类型企业纵向延伸而成的产业发展微观环境；另外，需要构建产业生态化发展的“三个循环平台”，即微观维度的企业清洁生产的平台、中观维度的产业共生网络的平台和宏观维度的区域产业耦合的循环经济发展的平台。

2.1.3 产业发展路径

产业发展是指产业的产生、成长和进化的过程，既包括单个产业的进化过程，又包括产业总体，即整个国民经济的进化过程，其中进化过程的核心是产业结构的变化，当今世界产业发展的趋势是产业集群化、产业融合化和产业生态化①。《辞海》将路径定义为“到达目的的路线”，多用来比喻办事的门路、办法。如《朱子语类》卷四十：“世间也只有这一箇方法路径，若才不从此去，少间便落草，不济事。”其中的路径就是指办法、途径。本书所指的产业发展路径是指在产业成长和进化的过程中，基于产业特点、发展水平以及发展条件，所采取的发展途径或者战略安排。

“生态化”是人类在探索生态文明建设背景下和化解生态危机的需求下，形成的一种思想形态。这种思想形态为我们提供了这样的一种世界观和方法论：世界上任何有机系统都是由不同要素构成的一个整体，它们自成体系又互成体系并发生持续的交互作用。该有机系统的内部结构决定着其运行发展状况，同时，系统的外部环境也深刻影响着系统的生存状态和发展演化。可见，实现该有机系统与环境保持和谐健康的发展状态的路径，既可以是通过调整有机系统内部要素及其相互作用方式，以适应环境的变化；也可以是对有机系统的外部环境进行优化调整，以创造协调发展的必要条件，从而实现该有机系统要素之间及其与环境之间的动态平衡。

产业生态化发展路径是指产业生态化的发展途径，其有狭义和广义之分。狭

① 苏东水：产业经济学（第三版），高等教育出版社 2010 年版。

义的产业生态化发展路径是指产业生态化的实施途径或方式，是推动产业生态化发展所采取的技术方法与制度安排。广义的产业生态化发展路径是产业生态化的方向、目标、战略、实现途径及相关政策安排的总称。一般来讲，产业生态化发展路径具体可以从以下三个方面进行探索：第一，在产业体系内部实现产业发展与生态环境保护的统一。将资源的高效利用、清洁生产贯穿于产业发展过程之中，积极发展生态农业、生态工业，延伸产业链，促进不同类型产业的协调共生，使产业活动在自然生态环境的承载力范围之内。第二，在制度建设方面，要采取有效的法律和经济措施，使产业发展的外部效应内在化，将外部环境成本内化于产业发展成本之中，促使产业和企业的生产活动向减少环境压力的方向转变。第三，在生产技术和工艺流程方面，推广资源高效利用和保护环境的技术和工艺，降低产业发展的物质消耗和污染排放，推进面向环境的技术创新，实现产业生态化发展。

2.1.4 产业生态系统

产业生态系统是在自然生态系统的基础上提出的，按照杰姆斯·穆尔（James F. Moore）的观点，产业系统内企业之间的关系及处理这种关系的方式与自然生态系统中生物体具有极强的相似性。2004年，T. E. Graedel 和 Allenby 在其著作 *Industrial Ecology* 中对产业生态系统的属性进行了界定，我国学者王寿兵等也对相关问题进行了研究，产业生态系统具有如下几个方面的特征：一是生态性。产业生态系统内部各单位构成高效的生态链，就像自然生态系统中物质循环共生关系一样，系统各单元之间实现物质、能量和信息的交换，一个单元的“废弃物”可以变成供另外一个单元利用的“原料”，系统内部实现物质和能量的高效循环利用，整个系统对生态环境的负面影响趋于零。二是整体性。产业生态系统是一个有机整体，系统内部各单元之间以整体经济与环境效益最优进行联结。整体效益大于每个单元各自实现最优化效益之和，任何单元功能的发挥会直接或者间接作用于整体功能的发挥。三是层次性。产业生态系统可以分为宏观、中观和微观三个层次。宏观层次是指全国或全球范围内产业部门及生产环境；中观层次是指一定区域范围内产业部门及生产环境；微观层次是指单个企业及生产环境。四是开放性。开放性是所有稳定系统的基本特征，封闭的系统将导致“熵增和无序”。产业生态系统的开放性是其适应生态性特征与外部环境变化的必然要求。五是动态性。产业生态系统是从低级到高级不断演化的系统，按发展阶段可分为一级、二级和三级产业生态系统。一级产业生态系统是从无限资源到无限废料；二级产业生态系统是从有限资源到有限废料，系统内部资源和废物的进出量受到环境容量和资源数量的制约；三级产业生态系统是一个封闭循环系统，系统中的资源和废物只是相对概念，能够实现代谢物的资源化，它是理想的产业生态系统。

本书所研究的产业生态系统是以实现产业发展生态效益、经济效益和社会效益相统一为目标，在生态系统、产业生态学等相关理论的基础上，对资源型产业产业链进行设计，实现企业内部清洁生产、外部共生合作的产业系统，具体包括资源开发、资源加工、污染控制、废物流集中、废物流交换等。

2.2 理论基础

2.2.1 生态经济学理论

20世纪60年代后期，美国经济学家肯尼迪·鲍尔丁（Kenneth Boulding）首次提出了"生态经济学"概念，他系统论述了市场机制在控制人口、调节资源合理利用、优化消费品分配、治理环境污染等中的作用，并建立了生态经济协调理论。随后，生态经济的研究迅速展开，逐渐成为全球关注的热点问题。Costanza（1989）提出生态经济学是一门全面研究经济系统与生态系统之间关系的科学，此类关系是当前人类所面临的可持续发展问题的根源。各种论述生态经济学的论著也逐渐出现，其中代表性的著作有美国莱斯特·R. 布朗著的《B模式：拯救地球，延续文明》、《生态经济：有利于地球的经济构想》和艾瑞克·戴维森著的《生态经济大未来》。总体来讲，生态经济学是综合生态学、经济学、生物物理学、系统论和伦理学等学科思想，针对当前人类社会经济发展所存在的问题及其对生态环境的影响，探讨生态系统与人类经济社会系统如何协调才能实现可持续发展的科学。生态经济学继承并拓展了福利经济学、制度经济学、系统论等学科领域的优秀成果，将物质能量流、价值信息流等原理引入，从而进一步深化了对人类与自然关系的研究。在研究方法方面，生态经济学主张将规范理论研究、实证分析与战略规划结合在一起，在规范理论研究的基础上，将生态学、经济学与技术科学融为一体；实证研究则重视将物理学、能量学、生物学和统计学等融入生态经济问题研究之中；生态经济战略规划方面以生态系统理论为基础，将农田、森林、海洋、草原和城镇等社会经济系统相结合，从而形成富有特色的研究视角与方法论体系。生态经济学作为应用性与实践性较强的一个学科，在发展过程中，总体呈现三个理论流派：

（1）乐观派。这一学术流派以美国未来研究所所长卡恩为代表，在其著作

《世界经济发展——令人兴奋的1978～2000年》中，运用设想的方式看待未来，在对历史进行分析解释的基础上对未来进行预测。该学术流派的基本观点是，人类正处在从贫困过渡到富裕而有潜力的未来社会400年进程中期。历史证明，社会转变有其内在动力，因此经济增长不会停滞。尽管目前处于欠佳时期，但是保持经济的持续增长是具有显著益处的，因此应当尽力保持经济持续增长。

（2）中间派。该学术流派承认社会经济增长面临生态环境问题的严重性，未来充满风险，但是人类仍有在各领域取得重大成就的潜力，因此应当正确地面对并解决经济增长中的生态环境问题。其代表人物有柯尼什（世界未来学会主席）、艾伦·科特耐尔、德·儒弗内尔等，主要著作有约翰·奈斯比特的《大趋势》以及阿·托夫勒的《第三次浪潮》等。

（3）悲观派。20世纪60年代末以来，以“罗马俱乐部”为代表的悲观派生态经济学家对人类社会发展的过去、现在和未来进行了系统研究，并描绘了全球未来可悲的情景，主要著作有麦道斯的《增长的极限》、美国发表的《世界保护战略》和《全球2000年》等。该学派的基本观点是：经济和人口增长是生态危机的主要原因，人类社会经济和人口增长是有极限的，如果继续按目前的趋势发展下去，则未来的世界将会更拥挤、生态将更不平衡以及污染将更加严重。因此，他们主张人类社会必须采取全球性措施来制止或者减缓人口和经济增长速度，否则达到社会经济增长极限，人类将不可控制地瓦解，人口和经济产出将会大规模下降。

2.2.2 产业生态学理论

产业生态学形成于20世纪80年代末90年代初。1989年9月，通用汽车研究部副总裁罗伯特·福布什（Rbert Frosch）与发动机专家尼古拉斯·加罗布劳斯（Nicolas Gallopoulos）在《科学美国人》上发表了一篇名为《制造业发展战略》的文章。该文章认为可以通过生产方式的革新来减少工业对环境的不利影响，并以此引出产业生态学的思想。美国国家科学院和贝尔实验室对产业生态学的概念、内容和方法及其应用前景进行了全面系统的总结，认为产业生态学是各种产业活动及其产品与环境之间相互关系的跨学科研究。20世纪90年代之后产业生态学迅速发展，尤其是在可持续发展理念日益受到重视的背景下，环境学界、生态学界、产业界纷纷进行产业生态学的理论与实践探索。

产业生态学以产业系统物质和能量代谢为主要研究内容，围绕产业系统的生态化转型，扩展出一系列基本概念、研究方法及政策手段。1997年，耶鲁大学和麻省理工学院（MIT）合作出版了全球第一本《产业生态学》杂志。该杂志主编立弗塞特（Reid Lifset）在发刊词中进一步阐述了产业生态学的性质、研究对象和内容，并认为“产业生态学是一门系统科学分支，该学科从局域、地区和全球三个层面系统地研究产品、工艺、产业部门和经济部门中的能流和物流，其焦点是研究产业在降低产品生命周期过程中环境压力中的作用”。国际电力与电子工程研究所（IEEE）在《持续发展与产业生态学白皮书》研究报告中指出：“产业生态学是一门探讨产业系统与经济系统以及它们同自然生态系统相互关系的跨学科研究，涉及学科领域广泛，包括新材料、新技术、能源供应与利用，基础科学、经济学、管理科学、法律学及社会科学等，是一门研究可持续发展能力的科学。”

产业生态学主要运用物质生产力、物质循环利用强度与循环利用率三种指标来衡量经济社会的物质代谢效率。物质生产力将物质投入视为生产力要素之一，采用单位物质消耗的产品或产值来测度物质生产力水平。物质利用强度是通过分析部门物质消耗与其相应的经济产出之间的比例关系，衡量物质利用效率。物质生产力水平越高或者物质利用强度越低，说明产业系统物质利用效率越高，对物质投入的依赖性就越低，系统的发展水平就越高。物质循环利用效率用来衡量产业系统内部产生的代谢“废物”的再循环、再利用程度，循环利用率越高，物质量耗散损失越小，产业系统对资源、环境的压力越小，系统的稳定性也就越高。

在衡量产业系统物质代谢基础上，产业生态学主张通过生态重构和物质减量化两种途径全面提升产业系统生态效率，转变社会生产和消费方式，从根本上降低产业活动对资源环境的压力。产业系统的生态重构即产业发展生态化转型（Ecological Restructuring）是根据生态学原理和自然生态系统的运作模式，通过生产和消费结构的战略性转变，重新安排和组织社会经济物质能量流动模式，从而推动产业系统的整体演化。物质减量化（Dematerialization）是通过减少单位经济（产品或价值）产出的生产和服务过程中所消耗的物质材料或产生废弃物的量，实现最小化资源环境消耗、最大化产品或服务价值的目标。区别于末端污染控制策略，物质减量化强调产品生命周期源头的生态化设计，通过延伸生产者责任等途径减少原材料投入，重视物质产品的循环再利用。

2.2.3 循环经济理论

20 世纪 90 年代以来，在可持续发展理论指导下，循环经济理论与循环经济发展模式逐渐受到国内外学者重视，并有效指导产业发展的实践。循环经济是依据生态学基本理论把经济活动组织成为一个“资源—产品—再生资源”的反馈式物质能量流动过程，进而实现经济增长的“低消耗、高利用、低排放”，最大限度地利用进入经济系统的物质和能量，充分利用资源，提升经济运行质量和效益，以实现人类发展与自然和谐的经济发展模式。循环经济是对传统线性经济发展模式的革新，基于不同的研究视角，循环经济的内涵也存在一定差别，具体体现在以下几个方面：一是从资源经济视角，循环经济主张通过建立充分利用自然资源的循环机制，生产经营活动过程循环利用现有物质和能量，使经济经营活动融入到资源的循环过程之中，提升资源利用效率和经济发展质量；二是从生态经济视角，循环经济是在生态学理论指导下，通过物质和能源在经济系统中不断循环利用，将经济活动对生态环境影响降低到最低程度，促进经济系统和谐地纳入到自然生态系统物质能量循环过程之中，实现社会经济与生态环境协调发展的经济发展模式；三是从技术经济视角，循环经济以现代科学技术为基础，通过技术上的创新与组合，使一定区域范围内不同企业、产业、城市之间有机联系起来，形成相互依存的产业网络，实现企业、产业、城市间的资源互补与循环利用，形成闭环式经济发展模式；四是从系统学角度，循环经济是把企业生产经营、原料供给、市场消费等各个经济单元组成生态化链式经济体，建立物质闭路循环的经济系统。

循环经济以3R为原则，将生产视为生态系统良性循环的一部分，主要包括以下三点内容：一是减量化原则，旨在在经济活动的源头减少原料和能源投入达到既定生产目的和消费目的，从而在保持生产发展的基础上减轻资源消耗和废物排放，降低经济活动对资源环境的影响；二是再利用原则，在经济活动的整个过程中延长产品和服务的时间长度，充分利用一切可以利用的余料；三是再循环原则，是对废弃物进行资源化处理的原则，就是把废物再次变成可以得到利用的资源，实现经济发展的废物最大化利用与污染排放的最小化目标。

基于不同层次，循环经济的实现途径存在一定的差异。一是微观层次，通过推行清洁生产，建立企业内部循环经济产业体系，如美国杜邦化学公司；二是中观层次，通过发展生态工业园区，构建循环经济产业体系，通过园区工业系统内部物质闭路循环和物质减量化等方法实现生态重组，将不同工厂联系起来形成共享资源和互换副产品的产业共生组合体系，最终实现区域范围内经济发展的污染“零排放”，如丹麦卡伦堡“工业共生体”；三是宏观层次，构建循环型经济社会，从社会整体循环角度出发，大力培育绿色消费市场和发展资源回收产业，促进循环经济发展，如日本循环型社会建设。

2.2.4 可持续发展理论

“经济社会可持续发展”首先出现于1972年出版的《生存的蓝图》。1980年，IUCN、UNEP共同起草的《世界保护战略》正式提出可持续发展的概念。1987年世界环境与发展委员会（WCED）发表的《我们共同的未来》中，将可持续发展定义为既满足当代人需要，而又不损害后代人发展需要的能力的发展。从此，可持续发展理念开始对世界各地区发展规划、政策、模式产生了深远影响。衡量可持续发展主要有经济、社会和环境三类指标，缺一不可。

可持续发展有三个基本目标。一是发展目标，就是既要满足当代社会经济的生产生活对于资源的需求，又能够维持将来很长一段时间内对于资源的需求，也就是说既要维持当代人社会经济发展，又要保证未来一段时间内社会经济发展。二是公平目标，就是注重资源对于当代和未来社会经济来说是共同的要求，不能因为当代社会经济发展可以优先使用资源就不受控制地使用这种权利，而不注重未来发展的需要，需要从公平的视角对待资源和环境，每代人都要以公正为原则承担起自己的责任。三是协调目标，就是要处理好经济发展与生态环境之间的关系、不同产业间关系、经济与社会发展之间关系等，构建自然—社会—经济和谐的社会生态经济系统，实现人口、社会、经济、资源及环境的协调可持续发展。

可持续发展需要遵循发展性原则、协调性原则、公平性原则、一致性原则和系统性原则。具体体现在以下几个方面：第一，发展性原则。它不仅包含一定时期内经济产出的增长，同时涵盖科技进步、卫生教育、社会福利和意识形态等情况的变化，其重要标志就是由科技进步所带来的经济结构的变化。第二，协调性原则。摒弃“无限增长论”的观点，主张社会经济发展应当同资源环境保护相协调，实现两者的辩证统一。第三，公平性原则。一方面，当代社会经济系统各组成单元、组成要素之间的横向公平，满足全体公民基本需要，给全体公民提供公平的机会，以满足广大人民群众对美好生活的追求；另一方面，注重当代社会经济发展和未来社会经济发展之间的公平，人类当代对资源环境的利用不能损害未来公民发展的利益，公平地分配有限资源的使用权利。第四，一致性原则。就是保持社会经济发展与资源环境的协调需要人类一致共同的行动。第五，系统性原则。就是人类社会经济及其赖以生存的生态环境是一个以人为中心，以生态环境为基础的巨大系统，系统内自然、经济、社会、环境等因素是相互联系、相互制约的，其发展依赖于资源的承载能力、人类的自控能力、环境的自净能力、社会的供给能力、经济的增长能力以及管理的调控能力的提高及其协调。

2.2.5 协同学理论

20 世纪 70 年代，协同学由德国物理学家赫尔曼·哈肯（Harmann Haken）创建，他指出应具体分析各组成要素、子系统产生的自组织行为，把握其共同特性，并对其进行动力学和统计学研究，深入探索非协调开放系统的稳定有序的结构特征、关键要素及其演变规律，总结协同发展的内在机理。协同学的基本内涵为：它是研究系统内各子系统相互作用、彼此合作规律的科学，研究的目的是促进复杂系统内部各组成要素之间、子系统之间在运行过程中同步协调，实现系统宏观上的有序化。

协同学是继耗散结构理论之后的一种新的自组织理论，其汲取了一般系统论的基本思想，将研究对象看成是要素、子系统及部分构成的复合系统，各子系统之间通过物质、能量、信息和价值的流动相互关联，从而整个系统形成新结构并产生整体效应。协同学的核心观点是：远离平衡态的复合系统在与外界联系过程中，由于不同要素、不同子系统之间的非线性作用关系，引起的随机涨落机制将由整体约束机制控制，从而引发复合系统的自组织协同效应。协同学主张从整体、统一的视角处理系统各组成部分之间的作用机理，推进复合系统宏观层面的吻合与功能协调，它认为复合系统并不是各子系统功能的简单累加，而是由各子系统相互作用、共同调节组织起来的整体运行，系统各部分之间存在合作协同效应。

2.3　研究范围界定

结合新疆资源特点，本书将以煤、石油、天然气矿产资源开发及利用为劳动对象的经济部门作为研究对象，具体资源型产业行业范围包括：一是采掘业中的煤炭开采洗选业、石油天然气开采业；二是制造业中的石油加工、炼焦及核燃料加工业、化学原料及化学制品制造业、化学纤维制造业、橡胶及塑料制品制造业、电力热力生产供应业。主要依据体现在以下几个方面：

2.3.1　产业政策和发展规划

产业政策和发展规划引导着新疆产业的发展方向。为促进新疆以特色优势资源为基础的产业发展，2012 年国家发改委出台了《关于支持新疆产业健康发展的若干意见》（以下简称《意见》），就新疆 12 个产业提出差别化的产业政策，其中包括新疆最具特色的优势产业石油化工、煤炭、煤化工、火电发展的具体政策导向。在石油化工方面，“十二五”期间国家支持新疆自产原油就地加工，并利用进口过境原油适当扩大原油加工能力，积极发展下游产业，尽可能在区内实现石化产品精深加工。依托独山子、克拉玛依、乌鲁木齐石化公司等基地，建设石化产业园。在科学规划的基础上，委托新疆投资主管部门核准 PAT、聚酯等化工项目。煤炭采掘方面，国家支持新疆做好煤炭规划和资源勘查，优化开发布局、产业结构，提高产业集中度。在煤化工方面，“十二五”期间将充分利用新疆煤炭资源优势，在水资源和生态环境容量允许范围内，重点开展以煤制天然气为主的煤炭深加工示范，稳步推动伊犁、准东煤炭深加工产业示范区加快发展。

对纳入《煤炭深加工示范项目规划》的项目，抓紧推进前期工作，重点做好项目装置规模、工艺技术、产品方案、节能减排等方面的论证，科学安排示范内容和任务，对由新疆平衡外部条件的煤化工项目，委托新疆投资主管部门核准。依托大型煤田，合理布局，有序发展。在电力方面，在准东、哈密和伊犁稳步建设大型燃煤坑口电站。合理布局热电联产项目，委托新建投资主管部门核准背压式供热机组及余热、余压、余气综合利用发电项目，淘汰能耗高、污染重的供热小锅炉。针对新疆电网网架薄弱的特点，可适度建设单机容量较小的火电项目。制订新疆电力发展规划，完善布局安排，在此基础上，进一步减少审批环节，加快审批进度，下放审批权限。

新疆经济社会发展规划指出新疆经济发展要充分发挥石油、天然气和煤炭资源优势。《新疆国民经济和社会发展"十一五"规划》提出，新疆进一步延伸石油天然气产业链，加强独山子—克拉玛依、乌鲁木齐、南疆和吐哈四大石化基地，加快形成有现代规模的石油石化产业集群，全面推动石油天然气化工业的高速度、跨越式发展，推动新疆成为西部地区重要的石油化工基地建设；高起点、高标准引进具有优势的大企业大集团参与新疆煤炭资源的勘探开发利用，加快区内中小煤矿整合和改造，提高产业集中度、技术装备水平和煤炭回采率；积极推进哈密大南湖、准东北塔山、库车—拜城、伊犁、阜康五大煤电、煤焦化、煤化工基地建设，逐步形成煤电一体化、煤液化、煤焦化、煤化工等多产业融合发展的联动体系；加强煤炭清洁生产、深度加工转化和综合利用。《新疆国民经济和社会发展"十二五"规划》指出，按照"大力支持上游、积极介入中游、加快发展下游"的原则，依托地缘优势与石油、天然气和煤炭资源优势，坚持高起点、规模化、集约化、优势互补、油地融合，打造独山子、乌鲁木齐、克拉玛依、库车四个具有国际竞争力的千万吨级炼油和化工基地，建设伊犁、准东、库（车）—拜（城）、和（布克赛尔）—克（拉玛依）、吐—哈五大煤化工基地和一批特色化工园区。以"龙头—产业链—产业集群"为方向，以产业集群建设为核心，与纺织、农业、建材、轻工和机电等区域优势产业有机衔接，实现资源型产业向精细加工和深加工转变。

新疆维吾尔自治区党委 2014 年经济工作会议强调，支持中石油、中石化"新疆大庆"和"西部大油田"计划实施，更大力度地推动驻疆央企在疆注册、地方参股，谋划实施地方主导、自主开发的大型油气项目，加快发展石油下游产业；要抓住机遇，进一步加快国家大型煤炭、煤电、煤化工基地建设，全面启动准东煤制气示范基地和伊犁中电投—新汶煤制气项目建设，延伸下游精细化工产业链，做大做强煤化工产业。

2.3.2　资源优势和市场需求

新疆是我国资源富集地区，拥有全国煤炭资源量的40%，陆上石油资源量的30%，陆上天然气资源量的34%，矿产资源在全国占有重要地位，目前已发现4000多处矿产地，上百个重要成矿带。优越的资源禀赋条件奠定了新疆资源型产业发展的基础，石油天然气开采、石油化工、煤化工等都是新疆最具特色的优势产业。油气资源的开发和综合利用已成为新疆经济发展的主导产业和支柱产业，既促进了新疆资源型产业的快速发展，也促进了新疆经济和社会发展。我国经济的高速增长对资源的依赖性不断增强，能源资源对经济持续发展的“瓶颈”约束日益凸显，2003年以来全国各地频频出现“煤荒”、“电荒”的现象，石油资源短缺更是直接威胁着国家能源安全，直接影响着国家整体发展战略，在此基础上新疆的能源资源地位凸显，在国家政策和产业布局的调整中，新疆由以往的能源储备区和能源接替区进一步上升为国家能源生产和加工基地。新疆煤炭、石油天然气资源型产业面临重要的发展机遇。

2.3.3　产业发展与资源环境消耗

煤、石油、天然气采掘及加工业已经成为自治区国民经济的重要支柱产业，同时成为新疆最具资源优势和发展潜力的产业之一。目前利用新疆石油、天然气、煤炭三大优势资源，延伸乙烯、芳烃、天然气利用和精细化工四条产业链主线，形成了准噶尔盆地、塔里木盆地和吐哈盆地三大石油天然气生产基地和独山子、乌鲁木齐、克拉玛依、库车、库尔勒、鄯善、泽普、轮台等不同规模、各具特色的石油化工产品生产加工基地，2012年新疆煤、石油、天然气资源型产业生产总值为46127831.3万元，实现利润总额7113204.2万元，利税总额12363973.2万元，分别占新疆规模以上工业的比重为61.24%、80.05%和80.35%。张春贤在自治区党委2014年经济工作会议上指出：“在进一步做大煤电产业基础上，高起点发展煤电冶、煤电硅产业链。”优势资源型产业是新疆资源消耗和工业污染排放的重点行业，这些行业的发展直接造成新疆经济发展方式的“高消耗、高排放、低效率”的粗放特征。煤、石油、天然气开采及加工对生态环境的影响主要体现在以下几个方面：一是高耗能，尤其是炼油、乙烯、氮肥、纯碱、烧碱和电石六个行业的耗能问题突出；二是石化和煤化工对水的需求量大，废水排放利用水平有待提高；三是工业废气排放和工业固体废物产生强度仍高于全国平均水平，需进一步加大技术改造力度。探索新疆经济发展的重要支柱产业煤、石油、天然气资源型产业可持续发展方式，是转变新疆经济发展方式，降低经济发展对新疆资源环境的过度消耗的必然要求。

2.3.4 产业发展技术特征

煤、石油、天然气采掘及加工具有循环共生的内在技术基础。煤化工如果与炼油、石油化工及天然气化工联合，可以达到较少投资、降低原料和能耗、优化管理、减少温室气体排放、理顺销售渠道并降低销售成本的效果。具体体现在以下几个方面：一是无论是石油化工还是煤化工，其真正意义上的化工是指烯烃化工，石油化工和煤化工向下游延伸时，其合成加工的产品完全相同；二是可以用煤基低碳烯烃替代石油基低碳烯烃，发展煤基化工产品，缓解石油和烯烃资源短缺矛盾；三是煤化工中过剩一氧化碳可以和天然气化工中的过剩氢气结合，制成甲醇，这样，煤、石油、天然气化工的联产装置能够使生产成本降低30%。

第3章　新疆资源型产业生态系统状况

产业生态化发展的核心就是要模拟自然生态系统的原理和规模，研究产业系统的结构、功能、性状的优化思路与目标模式，以促进产业的可持续发展。产业生态系统是由多个要素组成的有机复杂体。这些要素之间不是孤立存在的，而是相互促进、相互联系的，它们共同决定了产业系统的内部结构和功能机制。

3.1　新疆资源型产业概况

3.1.1　资源型产业规模状况

资源型产业在自治区经济总量中占有较大比重，对自治区经济发展具有举足轻重的影响。21世纪之初的2001年，新疆资源型产业（包括煤炭开采和洗选业，石油和天然气开采业，石油加工、炼焦及核燃料加工业，化学原料及化学制品制造业，化学纤维制造业，橡胶及塑料制品业，电力、热力生产供应业）规模以上工业总产值为575.55亿元，占新疆工业总产值的比重为53.08%。2012年，新疆工业总产值为7886.25亿元，其中资源型产业规模以上工业总产值为4612.78亿元，占新疆工业总产值的58.49%；与2001年相比，新疆工业总产值增加了627.37%，资源型产业规模以上工业总产值增加了701.46%，产值比重提高了5.41个百分点。截至2012年底，新疆资源型产业规模以上独立核算企业584家，占新疆规模以上工业企业总数的29.81%。2012年新疆资源型产业生产总值为46127831.3万元，实现利润总额为7113204.2万元，利税总额为12363973.2万元，占新疆规模以上工业的比重分别为61.24%、80.05%和80.35%。从业人数为319114人，占规模以上工业企业从业人员的48%。

新疆各种资源型产业生产规模均呈现增加的趋势，石油天然气开采业和石油加工、炼焦及核燃料加工业规模一直较大，化学纤维制造业增加的幅度加大。2012年，煤炭开采洗选业，石油天然气开采业，石油加工、炼焦及核燃料加工业，化学原料及化学制品业，化学纤维制造业，橡胶及塑料制造业，电力、热力生产供应业产值分别为2347353.4万元、13736414.3万元、16731304.5万元、5155131.1万元、884342.6万元、1080572.1万元、6192713.3万元，占新疆工业总产值的比重分别是2.98%、17.42%、21.22%、6.54%、1.12%、1.37%、7.85%，各行业工业产值较2001年分别增长了1448.17%、432.31%、677.69%、2509.26%、5657.93%、399.55%、1298.77%，见表3-1。

表3-1 新疆资源型产业规模状况

	煤炭开采洗选业		石油天然气开采业		石油加工、炼焦及核燃料加工业		化学原料及化学制品制造业	
年份	产值(万元)	比重(%)	产值(万元)	比重(%)	产值(万元)	比重(%)	产值(万元)	比重(%)
2001	151620.7	1.40	2580515.8	23.80	2151408.5	19.84	197570.7	1.82
2003	289511.8	2.18	3874844.0	29.13	2598807.8	19.54	455338.3	3.42
2005	269326.6	1.14	7836795.0	33.22	4983019.0	21.12	607153.8	2.57
2007	542505.5	1.56	11228896.1	32.35	7245490.6	20.87	1358330.0	3.91
2009	1333269.7	3.19	8554229.4	20.44	8597993.8	20.55	2436269.9	5.82
2011	1891207.7	2.66	14130667.7	19.89	15720006.4	22.12	4548905.2	6.40
2012	2347353.4	2.98	13736414.3	17.42	16731304.5	21.22	5155131.1	6.54
	化学纤维制造业		橡胶及塑料制造业		电力、热力生产供应业		资源型产业合计	
年份	产值(万元)	比重(%)	产值(万元)	比重(%)	产值(万元)	比重(%)	产值(万元)	比重(%)
2001	15358.7	0.14	216307.9	2.00	442725.8	4.08	5755508.1	53.08
2003	13813.1	0.10	307583.8	2.31	703288.7	5.29	8243187.5	61.97
2005	80731.9	0.34	468758.9	1.99	1175906	4.99	15421691.2	65.38
2007	285494.4	0.82	439954.9	1.27	1808364.5	5.21	22909036	65.99
2009	700098.6	1.67	388588.2	0.93	2824490.1	6.75	24834939.7	59.35
2011	1073793	1.51	694903	0.98	4593579.5	6.46	42653062.5	60.03
2012	884342.6	1.12	1080572.1	1.37	6192713.3	7.85	46127831.3	58.49

资料来源：《新疆统计年鉴》(2002~2013)。

资源型产业发展规模的壮大成为区域经济发展的引擎，具有积极的经济效应。资源型产业多分布在新疆资源富集地区，对区域经济拉动作用明显，并且决定着当地的工业结构。以油气资源为例，新疆油气企业基本分布在油气区域附近，便于开发利用资源和节约成本。这种依托资源发展起来的资源型产业成为所在区域经济发展的引擎。吐鲁番地区、哈密地区（石油天然气开采）、昌吉回族自治州（以下简称昌吉州）（煤炭开采和煤化工）、巴音郭楞蒙古自治州（以下简称巴州）（石油天然气开采和石化）、阿克苏（石油天然气开采和石化）、克拉玛依（石油天然气开采和石化）都是因为油气资源开发和加工业的发展，带动了区域经济的较快发展。

3.1.2　资源型产业布局状况

煤、石油和天然气是新疆的重要能源资源，也是新疆的优势矿产资源。截至2012年底，总面积74万平方公里的新疆准噶尔、塔里木以及吐哈三大盆地共蕴藏着208亿吨石油资源，占全国陆上石油资源量940亿吨的22%，居全国陆上石油资源地质储量第2位；天然气资源量为10.3万亿立方米，占全国陆上天然气资源量30万亿立方米的34%，居全国陆上天然气资源地质储量首位。新疆的煤炭地层面积预计为30.7万平方公里，煤炭预测资源量2.19万亿吨，占全国的40%，居全国之冠；已探明的储量约170多亿吨，在全国名列第8位，在西北地区名列第2位；新疆煤炭资源主要分布在西天山（6260亿吨）、准噶尔（7300亿吨）、塔里木北缘（1370亿吨）、吐哈—巴里坤（7000亿吨）四个产煤区。具体可分为57个产煤地，在相对独立的12个煤田中，伊宁、吐哈和准东是三个大于3000亿吨的超级煤田，其中吐哈煤炭储量大于5000亿吨，属于世界级大煤田，吐鲁番—哈密盆地和准噶尔盆地已列入世界十大煤田行列。三塘湖、和什托洛盖、准南三个煤田大于1000亿吨。

表3-2　新疆主要优势矿产资源简表

矿种	预测总量	备注
煤（亿吨）	21942.00	全国第一，占40%
石油（亿吨）	208.00	全国第一，占22%
天然气（万亿立方米）	10.3	全国第一，占34%

资料来源：《新疆通志·地质矿产志》（1986~2000年），新疆人民出版社2000年版。

新疆煤、石油和天然气在新疆各地州广泛分布，同时在东疆、北疆、南疆不同矿种又相对集中。东疆哈密地区、吐鲁番地区集中分布着石油和天然气资源，北疆克拉玛依市、塔城地区集中分布着石油和天然气资源，乌鲁木齐市和昌吉回族自治州则集中分布着煤炭资源，南疆巴音郭楞蒙古自治州、阿克苏地区和喀什地区则集中分布着石油和天然气资源。

表 3-3　新疆主要优势矿产资源分布

矿种	分布
煤	乌鲁木齐市、昌吉州、哈密地区、吐鲁番地区、克孜勒苏克尔克孜自治州（以下简称克州）、和田地区、伊犁哈萨克自治州（以下简称伊犁州）、石河子市
石油	克拉玛依市、塔城地区、昌吉州、吐鲁番地区、巴州、阿克苏地区、喀什地区
天然气	克拉玛依市、塔城地区、昌吉州、吐鲁番地区、哈密地区、巴州、阿克苏地区、喀什地区

资料来源：中国自然资源丛书编撰委员会：《中国自然资源丛书》（新疆卷），中国环境科学出版社 1995 年版。

新疆资源型产业以区域资源分布为依托，总体上呈现大分散、小集中的特征。新疆煤炭资源型产业发展逐渐形成五大煤炭、煤化工基地，即准东煤田、吐哈煤田、伊犁地区煤田、库拜煤田和和丰—克拉玛依煤化工基地。石油天然气资源型产业布局以石油天然气资源所在地为中心，逐步向周围扩散。2012 年，新疆原煤产量超过 500 万吨的地州市由高到低分别是昌吉州（4968.17 万吨）、哈密地区（2413.99 万吨）、阿克苏地区（1511.96 万吨）、伊犁州（1376.68 万吨）、乌鲁木齐市（1341.36 万吨）、吐鲁番地区（1262.9 万吨），分别占到新疆原煤总产量的 33.06%、16.06%、10.06%、9.16%、8.93%、8.41%，累计占到新疆发电总量的 85.68%；发电量超过 100 亿千瓦时的地州市由高到低分别是石河子市（293.42 亿千瓦时）、乌鲁木齐市（255.24 亿千瓦时）、伊犁州（169.39 亿千瓦时）和昌吉州（154.96 亿千瓦时），分别占新疆发电总量的 24.71%、21.49%、14.26% 和 13.05%，累计占到新疆发电总量的 73.52%。围绕新疆目前的三大油气田，北疆已经形成以炼油和石油化工为基础的独山子—克拉玛依和乌鲁木齐石化基地；东疆以吐哈油田为依托，利用天然气优势，发展大型 LNG 项目和特色石化产品；南疆则形成以天然气开发利用、石油加工利用为主导的石化下游产业基地。2012 年新疆原油产量超过 500 万吨的地州市由高到低依次是克拉玛依市（1103.1 万吨）、乌鲁木齐市（735 万吨）、巴州（580.17 万吨），分别占新疆原油总产量的 41.3%、27.52% 和 21.72%，累计占到新疆总产量的 90.55%；天然气产量超过 10 亿立方米的地州市从高到低依次是巴州（1948132 万立方米）、克拉玛依市（310136 万立方米）、乌鲁木齐市（164540 万立方米）和吐鲁番地区（105012 万立方米），分别占到新疆天然气总产量的 76.99%、12.26%、6.5% 和 4.15%，累计占到新疆总产量的 99%；农用化肥产量超过 10 万吨的地州市由高到低分别是巴州（1250018 吨）、乌鲁木齐市（593715 吨）、阿克苏地区（428154 吨）、昌吉州（386508 吨）、伊犁州（302896 吨），分别占到新疆农用化肥总产量的 37.37%、17.75%、12.80%、

11.56%、9.06%，累计占到新疆总产量的88.54%；塑料制品产量超过10万吨的地州市分别是石河子市（426759吨）、乌鲁木齐市（382725吨）、昌吉州（310306吨）和伊犁州（114934吨），占新疆塑料制品总量的比例分别是30.49%、27.34%、22.17%和8.21%，累计占到新疆总产量的88.21%。

表3－4 2012年新疆各地州市主要资源型产业工业产品产量

地区	原煤（万吨）	原油（万吨）	天然气（万立方米）	农用化肥（吨）	发电量（亿千瓦时）	塑料制品（吨）
乌鲁木齐市	1341.36	735	164540	593715	255.24	382725
克拉玛依市	—	1103.1	310136	—	46.89	25422
石河子市	258.37	—	—	65106	293.42	426759
吐鲁番地区	1262.9	156	105012	—	29.16	28
哈密地区	2413.99	—	—	15280	62.4	13673
昌吉州	4968.17	—	—	386508	154.96	310306
伊犁州	1376.68	96.5	2281	302896	169.39	114934
伊犁州属县（市）	645.29	—	—	—	81.5	39150
塔城地区	726.32	96.5	2281	270037	69.01	67277
阿勒泰地区	5.07	—	—	32859	18.85	8508
博尔塔拉蒙古自治州（以下简称博州）	—	—	—	—	7.18	37073
巴州	386.26	580.17	1948132	1250018	63.05	15999
阿克苏地区	1511.96	—	—	428154	60.52	31517
克州	11.1	—	—	—	7.48	2623
喀什地区	33.32	—	—	—	25.67	37815
和田地区	82.95	—	—	—	12.15	809

资料来源：《新疆统计年鉴》（2013）。

3.1.3 资源型产业结构状况

新疆不同类型资源型产业总体趋于均衡发展，资源采掘业趋于下降，加工业增长较快，2012年资源采掘业所占比重为34.87%，资源加工业占65.13%。石油和天然气开采业在资源型产业中所占比重趋于下降，2012年为29.78%，较2000年的58.05%下降了28.27个百分点，在资源型产业中所占的比重下降了48.7%。而石油加工、炼焦及核燃料加工业，化学原料和化学制品制造业，化学纤维制造业，电力、热力生产供应业在资源型产业中所占比重增长较快，其中石油加工、炼焦及核燃料加工业所占比重由2000年的26.69%增长到2012年的36.27%，增加了将近10个百分点，增长了37.96%；化学原料和化学制品制造业由2000年的3.18%增长到2012年的11.18%，增加了251.57%；化学纤维制造业所占比重由2000年的0.27%增加到2012年的1.92%，增加了6倍；电力、热力生产供应业所占比重由2000年的6.6%增加到2012年的13.43%，增加了1.03倍。煤炭开采和洗选业稳定增长，2012年该行业所占比重为5.09%，较2000年的2.2%增加了2.89个百分点。橡胶及塑料制品业所占比重趋于下降，由2000年的3.01%下降为2012年的2.34%。

表3-5 新疆各类资源型产业所占比重

单位:%

年份	煤炭开采和洗选业	石油和天然气开采业	石油加工、炼焦及核燃料加工业	化学原料和化学制品制造业	化学纤维制造业	橡胶及塑料制品业	电力、热力生产供应业
2000	2.2	58.05	26.69	3.18	0.27	3.01	6.6
2001	2.63	44.84	37.38	3.43	0.27	3.76	7.69
2002	4.17	41.05	34.1	5.02	0.19	4.16	11.3
2003	3.51	47.01	31.53	5.52	0.17	3.73	8.53
2004	2.17	48.58	33.7	5.02	0.4	0.75	9.38
2005	1.75	50.82	32.31	3.94	0.52	3.04	7.63
2006	2.08	50.91	32.09	4.16	0.67	2.97	7.12
2007	2.37	49.02	31.63	5.93	1.25	1.92	7.89
2008	3.25	46.97	31.46	7.18	1.24	1.46	8.42
2009	5.37	34.44	34.62	9.81	2.82	1.56	11.37
2010	4.49	34.12	37.13	9.44	2.84	1.89	10.1
2011	4.3	35.06	35.76	10.41	2.44	1.58	10.45
2012	5.09	29.78	36.27	11.18	1.92	2.34	13.43

资料来源：《新疆统计年鉴》(2001~2013)。

新疆资源型产业发展均具有一定的波动，总体呈现三个阶段特征，石油和天然气开采业在产业结构变化过程中起着决定性作用。2000~2001年石油和天然气开采业所占比重短暂下降，其他类型资源型产业所占比重均有所上升，其中石油加工、炼焦及核燃料加工业所占比重上升幅度较大。2001~2006年石油和天然气开采业所占比重上升较快，并于2006年达到最大值，该阶段其他类型资源型产业均趋于下降。2006年之后石油和天然气开采业趋于下降，并于2009年首次低于石油加工、炼焦及核燃料加工业，相应其他类型资源型产业比重均趋于上升。

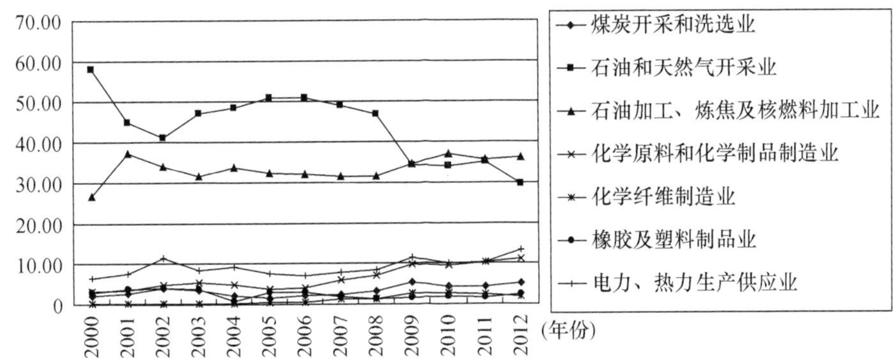

图 3-1 新疆资源型产业结构变迁

3.2 新疆资源型产业生态系统结构

产业生态系统是按照生态学原理和知识经济规律组织起来的基于生态系统承载能力、具有高效经济过程及和谐的生态功能的网络化生态经济系统①。新疆资源型产业生态系统结构主要是指资源型产业组织之间的物质、能量流动关系及其相应的支撑体系和相关利益主体的相互作用。

3.2.1 资源型产业生态系统关系矩阵

类似于自然生态系统，根据产业生态系统各产业组织功能的不同，新疆资源型产业生态系统各产业组织可以分为生产者、消费者和分解者，具体包括资源开发、资源加工、废物处理及中介服务业。资源开发是产业生态系统的生产者，它从产业系统外部获取物质和能量，生产出初级产品供产业系统利用，主要包括煤炭开采和洗选业、石油和天然气开采业，该类型产业产值在新疆资源型产业生态系统中的产值比重在不断地下降。资源加工业是产业生态系统的消费者，它将生产者提供的初级产品进行进一步的深度加工，生产出高级产品，主要包括石油加工、炼焦及核燃料加工业，化学原料和化学制品制造业，化学纤维制造业，橡胶及塑料制品业和电力、热力生产供应业，该类型产业产值在新疆资源型产业生态

① Korhonen j.，"Some Suggestions for Regional Industrial Ecosystems－extended Industrial Ecology"，Eco－Management and Auditing，2001，8（1）：57－69.

系统中的产值比重持续地上升。资源型产业废弃物综合利用业是产业生态系统的废物处理者，对生产者和消费者所产生的废物进行处理利用，目前发展规模相对较小。中介服务业是促进不同类型资源型产业互利共生的中介服务机构，包括咨询服务及融资服务等。

煤炭开采过程中产生的煤矸石和煤炭洗选加工产生的中煤作燃料，用来发电，电厂余热用于居民取暖。神华新疆能源煤炭有限责任公司铁厂沟矸石电厂就是利用煤矸石作燃料发电，电厂产生的余热供乌鲁木齐东山区部分地区采暖。新疆煤化工产业发展以煤制焦炭、煤制电石等传统煤化工产业为主，其中电石产品的主要应用方向是氯碱行业，电石绝大部分用于本地区烧碱和聚氯乙烯生产。新疆石油石化行业项目投资规模在不断扩大，主要发展炼油、乙烯，聚氯乙烯和大化肥项目建设也在持续发展，中石油独山子石化已开工建设千万吨炼油项目和百万吨乙烯项目，塔城、阿克苏、库尔勒的聚氯乙烯和大化肥行业发展较快。石油石化产生的工业“三废”问题较为突出，污水尚未得到有效处理，废气种类较多，成分复杂且危害大，各类废渣类别也较多，如废碱渣、废酸渣、废白土渣等。新疆资源型产业生态系统关系矩阵详见图 3－2。

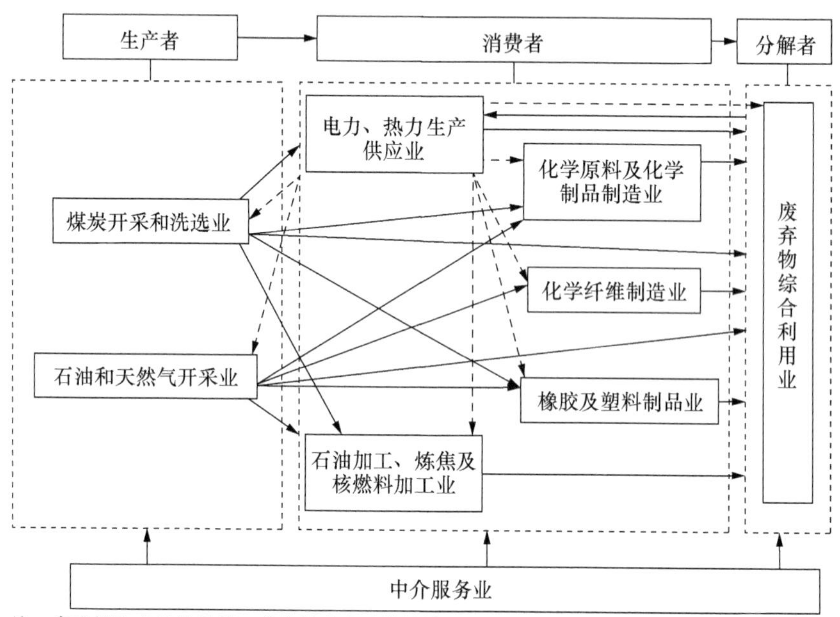

注：实线箭头表示物质流；虚线箭头表示能量流。

图 3－2　新疆资源型产业生态系统关系矩阵

3.2.2 资源型产业生态系统支撑矩阵

3.2.2.1 资源型产业生态化的生态技术支撑

生态技术通过合理的物质、能源和信息分配实现产业集聚生态效益和经济效益，它是产业生态系统形成和发展的基础，具体包括清洁生产技术、产业共生技术、产业生态化评价技术。

（1）资源型产业生态化清洁生产技术。新疆资源型产业自主创新能力不断增强，清洁生产技术水平持续提升。新疆已建立企业技术中心127家，其中国家认定企业技术中心10家，建立100个产学研联合开发示范基地。建立重点实验室23个，工程技术研究中心20个，其中国家级研究中心4个。建立生产力促进中心24家，其中国家级示范中心9家。建成国家级创新型企业4个，国家级创新试点企业6个。具体体现在：一是资源型加工产业自动化控制技术较为成熟，化学制品及橡胶制造业自动化控制技术较为成熟，中泰化学等大型化工企业化工产品生产过程实现了自动化操作，全自动生产过程的密闭入料技术能够有效提升资源利用效率，降低环境污染，同时检查控制方便。二是资源型产业固定资产投资逐步加快，特变电工超高压输变电设备、中泰化学等化工企业的新型筛板式汽提塔清洁技术改造项目相继投资完成，资源型产业清洁生产技术进一步优化。三是废水处理方面，以华泰公司为代表的资源型企业技改工程采用膜法、物化法、生化法对废水进行处理，处理后的工业废水能够全部用于生产系统，有效节约水资源，企业年平均减少废水100万立方米。四是废气处理方面，新疆化工及橡胶制品企业采用循环流化床锅炉，并采用国内首创的电石渣炉内脱硫技术，有效降低二氧化硫排放量。另外，中泰化学等大型资源型企业采用国内先进的变压吸附装置，使氯乙烯精馏尾气由原来的400PPm降为目前的13PPm，为氯乙烯单体和氢气的回收利用奠定了技术条件。五是余热利用方面，资源型企业通过吸收国内先进技术，积极开发使用盐酸合成废热、氯乙烯转化废热代替电能用于溴化锂制冷工艺，有效节省蒸汽及电力资源。

（2）产业共生技术。资源型产业节能减排，其产业共生发展取得一定的成效。新疆已有1个城市（即石河子市）、1个园区（即库尔勒经济开发区）、3家企业（即新疆天业集团有限公司、新疆有色工业集团稀有金属有限公司和中粮新疆屯河股份有限公司）被列入国家循环经济试点范围。目前，在建的国家生态工业示范园区有石河子市国家生态工业（纸业）示范园区、乌鲁木齐经济技术开发区（头屯河区），其中乌鲁木齐经济技术开发区（头屯河区）是2014年2月获得创建批复的国家生态工业示范园区。自治区万元生产总值能耗由2005年的2.11吨标准煤下降到2010年的1.92吨标准煤。资源节约综合利用水平进一步提升，矿产资源回采率不断提高，工业废弃物利用范围日益扩大。煤炭采掘利用与化工产业共生发展技术日趋成熟，形成了煤—电—烧碱—氯碱及各种精细化工—水泥产业共生系统，以中泰化学为代表的大型资源开发与利用企业用盐、煤生产出烧碱、聚氯乙烯等氯碱产品，进一步生产氯苯、氯化聚乙烯、氯化聚氯乙烯及各种原材料中间体和精细化工产品等，聚氯乙烯装置产生的电石废渣作为水泥熟料供给水泥厂生产水泥。

（3）产业生态化评价技术。新疆环保厅和工业与信息化委员会加大节能执法监察力度，主要对资源型产业发展进行工程分析、清洁生产与循环经济分析、产业政策及规划的符合性分析、各专题环境影响评价、环境风险评价、污染治理措施分析、总量控制、环境管理与检查能耗。产业生命周期评价（LCA）技术逐渐得到应用，检查、识别和评估从资源的开采到资源加工整个过程对环境的影响。

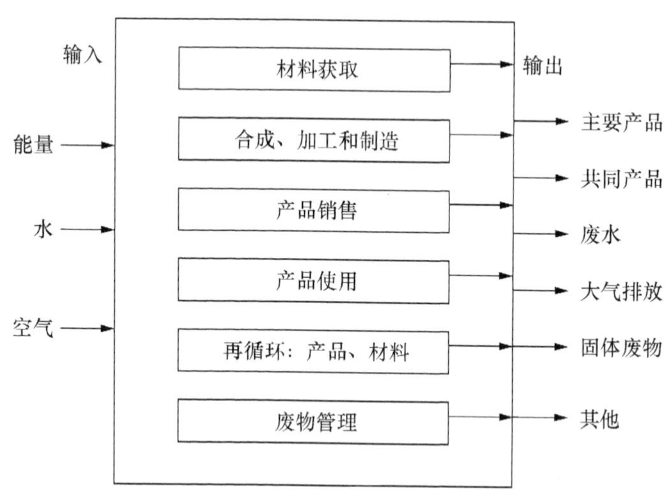

图 3－3　区域工业产业清单分析基本步骤

LCA 评价过程：目的和范围的确定、清单分析和影响评价，每个阶段都要开展的结果解释。清单分析应对其特定环境特性的影响予以准确评价，并对其所导致的环境特性变化的严重性进行优先排序（见图 3－4）。

LCA 生命周期评价的基本工作步骤：①对清单分析得到的物流和能流原始数据进行分类；②对不同环境压力—环境影响关系特征化；③对比发生在不同地区，有不同特点的环境影响的标准化；④根据社会共识所确定的相对重要性对不同种类的环境影响赋予相应权重的评估。

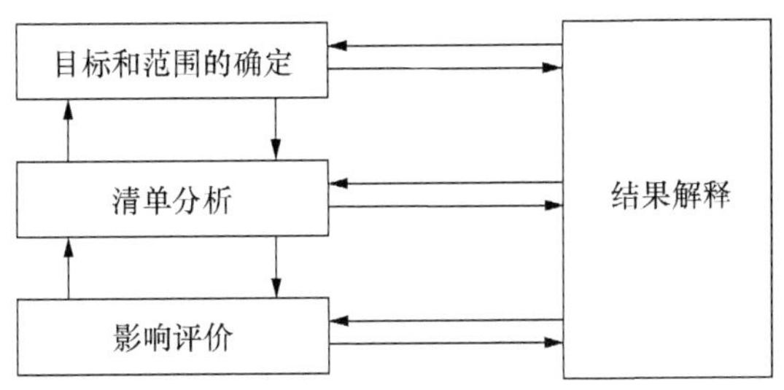

图 3-4　LCA 评价过程

LCA 影响评价的环境因素：①范围考虑对一般环境影响的量度；②描述受影响区域的大小和组成；③频率或强度为受影响区域内所受影响的严重程度；④持久性表示影响的持续时间；⑤测算指示单位材料产生的环境影响对总影响的贡献；⑥可恢复性表示修复单位材料所产生的环境影响所需要的费用。

3.2.2.2　资源型产业生态化的信息技术支撑

（1）信息管理技术。资源型产业两化融合深入开展，企业信息技术水平逐步提升。石油、化工、电力等资源型产业信息技术应用水平不断提高。工业企业在设计、生产、管理、经营、商务及安全生产、节能减排等各个领域广泛应用信息技术。新疆大型资源型产业的网络建设一般都比较完善，多数企业建成了局域网，网络建设的光纤化率较高。多数企业运用了安全监测系统、生产调度系统、物资供应系统和运销管理系统；部分资源型大型企业开始实施 ERP 模块或者 ERP 部分模块。信息化与资源型产业的融合在不断深入，主要涉及矿井生产自动化、环境安全信息化、企业管理信息化。2012 年，86% 的资源型企业建立了企业内网，78% 的企业采用了生产经营管理系统、行政管理信息系统，42% 的企业建立了企业外部网站。

（2）废物资源信息交换平台。新疆资源型产业工业固体废物信息交换平台建设相对滞后，目前只有监督管理部门依靠企业填报的数据获取固体废物信息。新疆大宗工业固体废物的产生量、堆存量大，2012 年，新疆全区一般固体废物产生量为 7234.24 万吨，尾矿和粉煤灰等大宗工业固体废物产生量 3982.41 万吨，占到总固体废物产生量的 55.05%。全区固体废物储存量 3567.32 万吨，大宗工业固体废物储存量 3032.22 万吨，占到总存储量的 85%。这些工业固体废物分散于新疆 160 万平方公里的行政区域内，涉及 15 个地州市。再加上很多采矿企业都建在戈壁深山之中，路途遥远、行车不便，这些固体废物信息很难及时发布，因而被再利用的规模也较小。

3.2.3 资源型产业生态系统相关利益主体的博弈分析

3.2.3.1 资源型产业生态系统利益主体的博弈模型假设

产业生态化是循环经济在产业层面的具体体现，如果没有企业、政府和民众的共同参与，产业生态系统很难高效运行。企业是产业的微观基础，也是产业生态化发展实施的载体。政府在资源型产业生态化过程中主要通过各种政策的制定、法律法规的完善来引导和监督企业的行为，使企业通过产业生态化的途径追求利润的最大化。社会公众则在充分考虑自己利益的基础上，对产业生态化过程进行监督，保障产业生态化的发展。本书对政府、企业与民众资源型产业生态系统相关利益方进行博弈分析。分析过程中作如下假设：

（1）新疆维吾尔自治区人民政府、资源型企业和民众均是理性经济人，都要追求自身利益的最大化。

（2）中央政府对于推动资源型产业生态化发展是积极的，而由于政绩考核注重 GDP 指标，新疆维吾尔自治区各级人民政府对于资源型产业生态化发展态度是较为消极的。为了保护本地区内的重点企业，维护一些“既得利益”或者由于认识的局限性，各级政府就会有“推进产业生态化”与“不推进产业生态化”两种选择。政府“积极推进产业生态化”时社会福利损失为 S_1，“消极推进产业生态化”时社会福利损失为 S_2。

（3）社会公众有“监督”和“不监督”两种选择。公众监督需支出相应成本 P_1，包括污染鉴定费、诉讼费和误工费等；公众不监督则无须消耗成本，但由此产生的产业非生态化发展所造成的资源浪费和环境污染导致社会效益损失 P_2 则由全体民众共同承担。

（4）企业有“生态化发展”与“非生态化发展”两种选择。“生态化发展”是指企业实施清洁生产或者相互循环共生将废物重新利用并使其资源化，企业则需要支付清洁生产成本或者网络建设维护费用 C_1。“非生态化发展”是指企业不实施清洁生产、不积极促进废弃资源的循环利用，将污染物直接排放到环境之中。由此产生两种结果，如果政府没有察觉同时社会公众没有实施监督，则不需要花费任何费用；如果被政府发现或者公众实施监督，则企业需要承担政府对不实施生态化发展而造成的资源浪费和环境污染企业征收的惩罚性税金和罚款，两者合计损失为 C_2，此时政府和公众按照一定的比例分享企业罚金，假设公众享受比例为β（$0<\beta<1$）。

根据上述资源型产业生态系统各相关主体的各项假设和行为策略来构建三方博弈树描述相关主体的博弈过程，详见图 3－5：

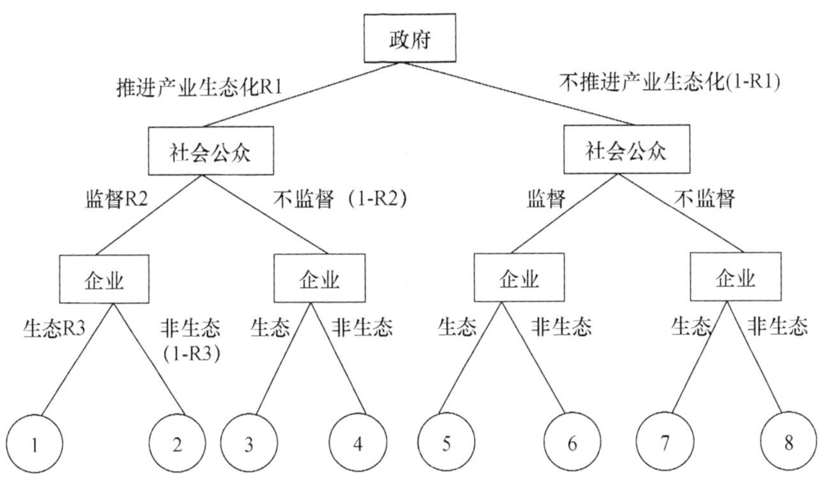

图3-5 产业生态系统中政府、公众与企业三方博弈树

表3-6 政府、公众和企业的收益矩阵

序号	收益矩阵
①	$(-S_1, -P_1, -C_1)$
②	$(-S_1+(1-\beta)C_2, -P_1+\beta C_2, -C_2)$
③	$(-S_1, -P_2, -C_1)$
④	$(-S_1+(1-\beta)C_2, -P_2+\beta C_2, -C_2)$
⑤	$(-S_2, -P_1, -C_1)$
⑥	$(-S_2+(1-\beta)C_2, -P_1+\beta C_2, -C_2)$
⑦	$(-S_2, -P_2, -C_1)$
⑧	$(-S_2, -P_2, 0)$

注：收益矩阵中第一项表示政府收益，第二项表示公众收益，第三项表示企业收益。

3.2.3.2 资源型产业生态系统利益主体角色组织博弈模型均衡解

利用图3-5和表3-6，采用逆推归纳法，从博弈树最底层开始依次求出企业、公众和政府的混合纳什均衡，结果如下所示：

(1) 企业混合纳什均衡。通过博弈树和收益矩阵可以求出企业的混合纳什均衡是：

$$-R_1R_2R_3C_1-R_1(1-R_2)R_3C_1-(1-R_1)R_2R_3C_1-(1-R_1)(1-R_2)R_3C_1=-R_1R_2(1-R_3)C_2-R_1(1-R_2)(1-R_3)C_2-(1-R_1)R_2(1-R_3)C_2 \quad (3-1)$$

则：$R_3^*=(1-R_3)(R_1+R_2-R_1R_2)C_2/C_1$ (3-2)

即企业以 R_3^* 的概率选择生态化发展，以 $1-R_3^*$ 的概率选择非生态化发展，两种选择的收益相同，企业实现了纳什均衡。

（2）社会公众的混合纳什均衡。通过产业生态系统各利益主体的博弈树和收益矩阵可以求出社会公众的混合纳什均衡：

$$-R_1R_2R_3P_1-R_1R_2(1-R_3)(P_1-\beta C_2)-(1-R_1)R_2R_3P_1-(1-R_1)R_2(1-R_3)(P_1-\beta C_2)=-R_1(1-R_2)R_3P_2-R_1(1-R_2)(1-R_3)(P_2-\beta C_2)-(1-R_1)(1-R_2)R_3P_2-(1-R_1)(1-R_2)(1-R_3)P_2 \tag{3-3}$$

社会公众的纳什均衡为：

$$R_2^*=(1-R_2)[P_2-(1-R_3)\beta R_1C_2]/[P_1-(1-R_3)\beta C_2] \tag{3-4}$$

社会公众以 R_2^* 的概率选择对产业生态化进行监督，以 $1-R_2^*$ 的概率选择不进行社会监督，两种选择的收益相同，则社会公众实现了纳什均衡。

（3）政府的混合纳什均衡。通过产业生态系统各利益主体的博弈树和收益矩阵可以求出政府的混合纳什均衡：

$$-R_1R_2R_3S_1-R_1R_2(1-R_3)[S_1-(1-\beta)C_2]-R_1(1-R_2)R_3S_1-R_1(1-R_2)(1-R_3)[S_1-(1-\beta)C_2]=-(1-R_1)R_2R_3S_2-(1-R_1)R_2(1-R_3)[S_2-(1-\beta)C_2]-(1-R_1)(1-R_2)R_3S_2-(1-R_1)(1-R_2)(1-R_3)S_2 \tag{3-5}$$

政府的混合纳什均衡为：

$$R_1^*=(1-R_1)[S_2-(1-R_3)(1-\beta)R_2C_2]/[S_1-(1-R_3)(1-\beta)C_2] \tag{3-6}$$

政府以 R_1^* 概率选择推进资源型产业生态化发展，以 $1-R_1^*$ 概率选择不推进产业生态化发展，两种选择政府的收益相同，实现了纳什均衡。

3.2.3.3 资源型产业生态系统利益主体角色行为分析

综合式（3－2）、式（3－4）和式（3－6）可以得出资源型产业生态系统利益主体的纳什均衡，各相关利益主体通过选择有效策略来实现自己的利益最大化，具体如下：

（1）新疆维吾尔自治区政府积极推进产业生态化发展的概率 R_1 与针对企业非生态化发展处罚力度 C_2 和不推进产业生态化发展成本 S_2 正相关，与推进产业生态化发展成本 S_1 负相关，即针对资源型产业非生态化发展所造成的资源浪费和污染处罚力度越大，推进产业生态化发展的成本越低，政府越会积极推进产业生态化发展。

（2）社会公众对资源型产业生态化发展进行监督的概率 R_2 与针对企业处罚力度 C_2、不进行监督的福利损失 P_2 以及公众的罚金分配比例 β 正相关，与公众进行监督的成本 P_1 负相关，即针对资源型产业非生态化发展所造成的资源浪费和污染处罚力度越大，公众从罚金中分配的比例就越大，不进行监督的福利损失越高以及监督的成本越低，公众越会积极监督资源型产业生态化发展。

（3）企业实施产业生态化发展的概率 R_3 与政府推进产业生态化发展概率 R_1、社会公众监督产业生态化发展的概率 R_2 以及非生态化发展造成资源环境破坏的处罚力度正相关，与产业生态化发展的成本负相关，即政府如果积极推进产业生态化发展，并制定严格的资源浪费与环境污染处罚措施，社会公众积极进行监督，同时企业实施产业生态化的成本又相对不高，资源型产业就会向生态化发展。

3.3　新疆资源型产业生态系统功能与特征

3.3.1　资源型产业生态系统功能

资源型产业生态系统是以技术创新与信息化发展为依托，通过清洁生产或者产业共生，形成的产业及次级产业间的物质能量流动系统。新疆资源型产业生态系统发展能够推动解决新疆资源型产业发展所面对的社会、经济和生态环境之间的矛盾，是实现新疆社会经济可持续发展的重要措施。

（1）提升资源利用效率，保护生态环境。新疆资源型产业生态系统的形成与发展能够有效提升资源使用效率，降低工业环境污染物排放量。具体体现在以下两方面：一方面产业生态系统形成能够推动产业循环共生技术创新，提升技术在经济增长中的作用。新疆经济发展在资源型产业的支撑下，长期以来经济增长的粗放型特征显著，2011 年新疆单位 GDP 平均能耗为 1. 63 吨标准煤/每万元，是全国平均水平的 1. 52 倍。产业生态系统技术创新能够转变以资源消耗为基础的新疆产业发展模式，促进资源利用效率的提升，实现新疆经济增长由粗放型向集约型转变。另一方面产业生态系统中产业耦合共生发展，实现不同产业之间的资源循环利用，从而克服新疆工业化进程中对生态环境造成的负面影响，破解“生态环境”对新疆经济可持续增长的瓶颈约束。

（2）优化产业结构，促进产业升级。新疆资源型产业生态系统发展有助于完善新疆产业体系，促进资源型产业机构的优化升级。具体体现在：一是产业生态系统形成能够有效地促进资源型加工业发展，提升高技术产业增加值占工业增加值的比重。二是产业生态系统能够为废旧资源回收利用企业、产业生态化发展中介服务企业发展创造机会，带动相关服务业的发展。三是产业生态系统促进资源型产业链条的延伸，为民间资本进入资源型产业创造条件，提升非公有制经济在资源型产业中的比重。

(3) 优化产业布局，促进产业集群发展。产业生态系统发展能够加强资源型产业各类企业的联系，促进不同类型产业、不同类型企业的耦合共生，从而推动产业的集聚化发展。具体体现在：一是产业生态系统中物质和能量在不同类型产业之间流动，为企业降低资源消耗成本，提升经济效益创造条件，从而加强了产业、企业之间的依赖性。二是资源型产业生态系统以新疆的煤、石油、天然气为依托，促进了资源富集区域的不同类型产业集聚发展。三是产业生态系统中产业发展多样性特征突出，产业之间的互补性较强，为产业的集聚发展创造条件。

3.3.2 资源型产业生态系统特征

近年来，围绕新疆煤、石油、天然气优势资源，以转变发展方式和调整经济结构为主线，促进信息化与工业化深度融合，推动资源优势向经济优势转变，着力构建增长速度快、经济效益好、科技含量高、辐射带动广、就业吸收强、产业结构合理、资源高效利用、生态环境可持续、具有新疆特色的新疆产业生态体系，逐步形成了独山子石化、乌鲁木齐石化、克拉玛依石化、库车石化四个具有国际竞争力、千万吨级大型炼化基地及一批重点石化园区，煤—电一体化、煤—电—冶—体化、煤—电—硅—太阳能—体化产业体系逐渐形成。总体呈现以下几个特征：

(1) 产业生态系统经营主体以国有及国有控股工业企业为主。资源型产业属资金和技术高度密集行业，国有及国有控股企业在新疆资源型产业生态系统中发挥支配地位，尤其在资源开采和初级加工行业中国有控股企业基本处于垄断地位。2012 年，新疆规模以上资源型产业产值合计为 46127831.3 万元，其中国有控股工业企业产值达到 39852666.8 万元，占到资源型产业总产值的 86.40%。规模以上煤炭开采和洗选业，石油天然气开采业，石油加工、炼焦及核燃料加工业，电力、热力生产供应业工业总产值为 39007785.5 万元，其中国有控股工业企业产值为 35539670.8 万元，占到资源开采及初级加工业的 91.11%。

表 3-7 2012 年新疆资源型产业规模以上工业企业产值

行业	规模以上工业企业总产值（万元）	国有控股工业企业产值（万元）	国有控股工业企业产值比重（%）
煤炭开采和洗选业	2347353.4	1225394.8	52.20
石油天然气开采业	13736414.3	13668644.7	99.51
石油加工、炼焦及核燃料加工业	16731304.5	15094212.9	90.22
化学原料及化学制品制造业	5155131.1	3776966.1	73.27

续表

行业	规模以上工业企业总产值（万元）	国有控股工业企业产值（万元）	国有控股工业企业产值比重（%）
化学纤维制造业	884342.6	18963.2	2.14
橡胶和塑料制造业	1080572.1	517066.7	47.85
电力、热力生产供应业	6192713.3	5551418.4	89.64
合　计	46127831.3	39852666.8	86.40

资料来源：《新疆统计年鉴》（2013）。

（2）产业生态系统基本处于资源型产业上游。资源型产业生态系统以资源开采和初级加工为主，资源精细加工业发展相对滞后。2012 年，煤炭开采和洗选业、石油天然气开采业占规模以上资源型产业工业总产值的 34.87%，资源开采业加上石油加工、炼焦及核燃料加工业及电力、热力生产供应业等资源初级加工业产值比重累计达到 81.59%。长期以来，煤炭开采和洗选业占到新疆煤炭资源型产业工业增加值的 87%；煤焦化、煤化工产业规模小，附加值不高；煤液化、煤气化和煤层气的开发利用等精深加工尚处于空白阶段。

（3）产业生态系统以单一资源为依托。新疆资源型产业布局相对分散，产业发展以单一类型资源为主，不同类型资源型产业共生发展相对较少。以独山子、乌苏和奎屯"金山角"为代表的石化产业发展区域，大力发展石油开采及化工业，形成"一区五园"石化产业发展格局。"一区"是指克拉玛依石化工业园区；"五园"包括克拉玛依、独山子、奎屯、乌苏和新疆生产建设兵团（以下简称兵团）第七师的天北新区石油化工园区，总面积达到 75.98 平方公里。现有中哈石油管道铺设项目和中石化在独山子的 1000 万吨炼油项目，120 万吨乙烯工程，目前是中国最大的炼油和化工一体化项目。伊犁河谷、准东等新疆煤炭基地则大力发展煤炭资源的勘探开发业、煤化工、煤电项目。

3.4 新疆资源型产业生态系统存在的缺陷

3.4.1 资源型产业生态系统产业缺乏多样性

新疆资源型产业链长期处于最初级的上游，属于资源最初级加工，加工深度不够，传统煤、石油、天然气开采及加工业居多，高新技术产业增加值占工业增加值的比重仅为0.16%，比全国平均水平低7.9个百分点。石油石化产业“一业独大”，2012年石油及石油加工业占资源型产业比重达到70.82%。国有经济比重过大，2012年非公有制经济仅占30%左右。

3.4.2 资源型产业生态系统能量流动链条短

由于制造业不发达，资源缺乏综合利用和深加工，且附加值不高，使得新疆的资源优势还未有效转化为经济优势。2012年煤炭开采洗选业，石油天然气开采业，石油加工、炼焦及核燃料加工业，电力、热力生产供应业等资源开采及初级加工业占到新疆资源型产业产值的81.59%，化学原料和化学制品制造业、化学纤维制造业、橡胶及塑料制品业等资源深加工产品所占的比例仅有18.41%。平均每年原油就地加工率不足65%，延伸产品品种较少。

3.4.3 资源型产业生态系统构成要素的互补性较差

各地州资源型产业以资源采掘及简单加工为主，产业结构雷同，产业空间布局和功能划分不合理。新疆资源型产业发展是在资源分布的基础上发展起来的，各地州主要集中在石油、天然气、煤炭的开采和简单加工上。产业内及产业间关联性不强，产业配套能力不足，产业集聚程度不高。资源型产业集群内部产业结构也不甚合理，这样就降低了企业之间的网络密度。产业链较短是新疆资源型产业集群在形成期、成长期的共同特点，而且由于产业单一，集群网络的构成要素也相对单一。集群内企业之间仅存在简单的原料供应关系，缺乏与其他产业部门和服务机构间多样性的合作与联系，不能体现集群产业系统所具有的互补性、网络性特点。

3.5 新疆资源型产业生态化发展的必要性

2013年第四次全国对口支援新疆工作会议强调要从全国大局出发，统筹规划支持新疆科学发展，充分发挥资源优势，努力使新疆成为国家能源资源的战略基地；围绕丝绸之路经济带建设，努力把新疆建设成为我国向西开放的桥头堡；要从本地实际出发，加快构建具有新疆特色的现代产业体系，着力保障和改善民生，大力促进南疆、北疆协调发展，全面加强生态环境保护和建设，积极推动新疆地区民族和谐发展。在中央支持新疆跨越式发展的政策导向下，国内外的资金、技术、人才等资源势必会源源不断地涌入新疆。一方面以煤炭、石油、天然气为基础的资源型产业是新疆特色优势产业，新疆的跨越式发展离不开这些优势产业的支撑；另一方面以煤炭、石油和天然气为基础的资源型产业具有高耗能、高耗水、高排放的特征，传统的资源粗放开发和利用模式将会严重制约新疆经济的可持续发展。因此，新形势下资源型产业生态化是新疆资源型产业发展的必然选择。具体体现在以下几个方面：

（1）国家对能源资源的需求促使新疆资源型产业生态化发展。新疆拥有丰富的能源资源储备，煤炭预测储量居全国第一位，石油、天然气储量居全国前列，开发潜力巨大。我国当前正处于工业化、城镇化加速阶段，随着对能源资源需求的不断上升，新疆作为能源资源大区，在全国经济发展大格局中的战略地位将会更加突出，这将更加有利于新疆将资源优势转化为推进新型工业化发展的经济优势。资源型产业生态化是新疆持续将资源优势转化为经济优势的根本途径，也是提升产业竞争力和持续保障国家能源资源需求的必然选择。

（2）新疆脆弱的生态环境与结构性缺水要求资源型产业生态化发展。新疆土地荒漠化面积以每年 85 平方公里的速度扩张，草原退化沙化严重，沙化土地面积占到 45% 以上，承载经济发展的生态基础脆弱。新疆水资源径流量为 884 亿立方米，已经使用 500 多亿立方米，其中 96% 的水用于保障农业发展。新疆总体水资源丰富，但时空分布极不均匀，天山北坡一带缺水率超过 10%，南疆水资源开发利用总体已接近承载能力。由于受到生态脆弱和结构性缺水的制约，煤、石油、天然气等优势资源的深度转化必须摒弃传统粗放的生产方式，进而采用生态友好、水资源高效利用、资源得到合理开发的转化方式。

（3）新疆参与丝绸之路经济带建设需要资源型产业生态化发展。尽管新疆具有向西开放的地缘优势，但在具体落实向西开放战略，发展外向型经济方面还有许多障碍和制约。周边国家除俄罗斯和哈萨克斯坦外，经济发展相对滞后，市场规模有效，新疆与中亚各国又都属于资源型经济，产业的同构性大于互补性，新疆初级资源型产品难以向西出口。产业生态化发展能够有效提升资源的使用效率，提升资源型产品深加工程度，从而提升资源型产业竞争力，促使新疆充分挖掘自己的特色优势资源，以此来更好地推动丝绸之路经济带的建设。

第4章 新疆资源型产业生态化发展水平测度分析

进入21世纪以来，经济发展的资源环境约束日益凸显，产业生态化发展逐渐受到社会各界的重视，产业生态理念逐渐在产业发展过程中得到体现。新疆维吾尔自治区党委和人民政府逐渐推进实施产业生态化发展。2005年1月，在自治区人口资源环境工作座谈会上，自治区强调要切实把经济社会发展建立在人口资源环境良性循环的基础上，彻底改变以牺牲环境、破坏资源为代价的粗放型增长方式。2010年以来，新疆维吾尔自治区书记张春贤多次强调，要确立环保优先、生态立区和资源开发可持续、生态环境可持续的发展理念，加快发展循环经济，推动优势资源科学合理有序开发，努力实现经济效益与生态效益、环境效益的有机统一①。

4.1 新疆资源型产业生态化发展路径变迁

新疆资源型产业逐渐以21世纪初的淘汰落后产能为基础，积极推进以清洁生产为手段的产业生态化发展路径转向以循环经济和产业共生发展为导向的园区建设以及大企业、大集团化的产业生态化发展路径。“十五”期间资源型产业生态化发展大力推广节能降耗、能源综合利用和环保新技术，扶持发展技术含量高、有市场竞争力的产品，淘汰落后设备、工艺和技术，压缩部分行业过剩生产能力，推进工业废水、废气和固体废物的处理。“十一五”以来，新疆推进循环经济和生态产业园区建设，目前，已有1个城市、1个园区和3家企业列入国家循环经济试点范围；在建的国家生态工业示范园区有石河子市国家生态工业（纸

① 张春贤：《坚持“五个始终”推进新疆跨越式发展和长治久安——写在中央新疆工作座谈会召开两年之际》，昌吉学院网，2012年。

业）示范园区、乌鲁木齐经济技术开发区（头屯河区）。资源型产业大企业、大集团战略逐渐实施，已有神华、鲁能、新汶等 210 多家大企业大集团参与新疆优势煤、石油、天然气资源开发，天业集团、美克股份、中泰化学等一批地方优势企业迅速做大做强。

4.1.1　资源型产业生态化发展技术路径变迁

技术路径是指实施某一具体目标而采取的技术方法和手段①。技术创新和人才战略是产业生态化发展的重要支撑力量。随着新疆资源开发规模的扩大，新疆资源型企业采取了一系列措施，不断加大科技投入、吸引人才，以提升产业生态化发展的科技支撑能力。科技人员数量和科研经费支出总额的增加，不但为产业科技创新能力的提高奠定了坚实的资金和人才基础，而且在新技术领域取得了实质性的科技创新突破，如新型高效煤粉锅炉系统技术和温湿度独立调节系统技术已列入《国家重点节能技术推广目录（第三批）》，并在国家发展改革委 2010 年第 33 号公告中公布。企业科技创新推动产业生态化发展技术路径逐渐向企业内部清洁生产以及不同产业循环共生演化。

新疆煤炭资源型产业生态化发展技术路径的演进主要体现在清洁煤技术以及煤炭产业循环共生技术的创新与应用。煤化工中“煤—电—化”多联供项目的实施，逐渐实现煤的清洁利用；煤焦化工业技术逐渐采用干息焦技术；传统的电石乙炔路线逐渐演化成甲醇制乙烯工艺，这将有效降低电石渣和尾气对环境的破坏，改善煤炭矿区的生态环境。产业循环共生技术逐渐在煤炭资源型产业中得到运用，如炼焦副产品——焦炉气生产甲醇和二甲醚技术的应用，能够有效消除焦炉气对环境的污染，降低煤炭资源的消耗；奇台县等一些煤炭煤化工企业逐步发展新型墙体材料技术，推动煤炭企业利用粉煤灰（渣）生产以硅钙砖为主的新型建材，这样将原煤开采和热电生产过程中产生的废渣（灰）就地加工，降低二次污染，有效地推动资源型产业循环共生的发展。“十一五”期间，新疆煤炭资源型产业重点实施了提高煤炭洗选比例、煤电热联产工程、煤矸石和粉煤灰等的综合利用、炼焦副产品的收集利用、利用干熄焦技术进行余热发电、瓦斯综合利用发电项目；管理、结构和技术等多种手段的综合运用有效地推动了节能减排工作。新疆煤炭资源型产业目前能够达到国内同行业先进水平的产业生态化发展技术主要包括以下几点：一是煤田地质综合勘查技术，成功运用地面物探结合钻探等勘查技术，取得良好应用效果；二是煤炭开采技术，急倾斜和特厚缓倾斜煤层综合机械化技术、35～45 度大倾角且厚度 6 米以下一次采高综采和放顶煤采煤

① 姚兆余：《明清时期西北地区农业开发的技术路径与生态效应》，中国农史，2003 年第 4 期，第 102－111 页。

技术有效提升了煤炭资源的回采率；三是煤炭资源型产业煤电一体化开发、煤焦化工、粉煤灰烧结砖等技术有效提升了煤炭资源的综合利用效率。

新疆石油天然气资源型产业技术路径演进主要体现在对石油化工产品技术的持续创新，2001 年以来，重点加强了乙烯、合成树脂、合成橡胶、合纤单体、化肥、轮胎等多种石化产品的技术创新与应用，顺酐、甲乙酮、硫酸钾、LNG、各类聚酯、油品添加剂等新产品技术也逐渐成熟。石油化学工业技术改造与新技术应用工程相继实施，独山子乙烯扩建工程、塔河油田劣质原油技改工程、中泰化学氯碱改造工程、乌鲁木齐石化总厂 30 万吨/年复合肥、吐哈油田 2 万吨/年顺酐、新疆广汇公司的年处理 5 亿立方米 LNG 工程、天利高新公司 3 万吨/年甲乙酮、新疆天业 10 万吨/年电石、20 万吨/年烧碱、20 万吨/年 PVC 等项目相继建成投产，延伸了新疆石油资源型产业链条，促进不同类型石油资源型产业的循环共生，有效提升了新疆石油资源的利用效率。“十一五”期间，以独山子为代表的新疆石油产业园区充分发挥生产规模大、产业链长、生产环节多，不同生产环节之间的衔接性强的特点，运用系统思维和循环经济原则统筹安排生产，将石油生产中的物质流、能量流有机整合，通过实施采油、输油、注水、发供电、炼油、化工“六大系统”节能改造，稳步推进放空天然气回收治理、余热余压综合利用、光伏发电站灌溉等多项“重点节能工程”；实施了清洁发展机制项目，污水回注工程、污染源头预防和过程控制工程、废物综合利用等措施。目前，新疆石油天然气资源型产业生态化发展技术路径主要体现在以下几个方面：一是新疆石油天然气开采业多项技术指标高于全国平均水平，从石油开采资源效率来看，新疆油井利用率较高，原油开采成本比中石油、中石化、中海油的平均开采成本都低，原油生产用电能耗较低，处于全国领先水平。新疆原油商品率整体上与中石油和中石化两大公司平均值相当，油田原油损耗偏高，明显高于中石油、中石化的平均水平，较大庆油田、胜利油田存在一定的差距。二是新疆石油加工业技术水平处于中游，主要技术指标与国外相比仍然存在一定的差距，乌鲁木齐石化、独山子石化和克拉玛依石化原油加工负荷率分别是 71.09%、59.66% 和 74.33%，国内外平均水平分别是 75.49% 和 80%；乌鲁木齐石化、独山子石化和克拉玛依石化综合商品收率分别是 92.21%、94.06% 和 94.57%，国内外平均水平是 91.36% 和 92%；乌鲁木齐石化、独山子石化和克拉玛依石化吨油综合能耗分别是 93.65 千克标油/吨、77.62 千克标油/吨和 76.69 千克标油/吨，国内石油平均为 88.03 千克标油/吨。三是新疆石油化学工业相对于上游的石油开采业和中游的石油炼制加工业来讲，新疆石油化学工业在新疆石油产业结构中所占的地位偏弱。主要石油化学产品乙烯的收率处于全国中下游水平，独山子石化为 30.54%，全国平均水平 31.42%。就乙烯的综合能耗来看，我国目前乙烯综合能

耗远高于国外先进水平，相比国内的能耗水平，独山子石化的乙烯综合能耗也处于国内中下游水平，独山子石化乙烯综合能耗为 771.92，国内外平均水平分别为 700 和 600。

4.1.2　资源型产业生态化发展制度路径变迁

制度路径是指为实现某一具体目标而采取的制度安排①。自 1987 年国家颁布《中华人民共和国环境保护法》以来，产业生态化发展相关政策制度逐渐向清洁生产和产业循环共生方向发展。新疆资源型产业生态化发展制度路径也逐渐由严格的污染排放治理相关规定向包含清洁生产、产业链完善和污染治理全过程的产业生态化发展政策制度安排演进。

（1）“十五”期间产业生态化发展政策制度。在国家清洁生产和资源利用相关法律法规的基础上，新疆进一步完善了资源型产业生态化发展的相关政策制度。在清洁生产方面，国家 2003 年颁布了《清洁生产促进法》，2004 年发布了《清洁生产审核暂行办法》。在能源资源方面，国家 2005 年颁布了《可再生能源法》、《能源效率标识管理办法》等。在环境污染治理方面，国家 2002 年颁布了《中华人民共和国环境影响评价法》、《固体废物污染环境防治法》（1995 年制订，2004 年修订）等。与此同时，新疆地方政府部门也配套制定了相应的系列法律法规，如自治区环保局 1995 年的《石油勘探开发环境管理办法》，2004 年的《推进循环经济工作指导意见》，2005 年的《新疆资源综合利用条例》、《新疆节约用水条例》和《新疆节约能源条例》。另外，为促进经济可持续发展，国家和地方两级政府部门制定了多项有利于产业生态化发展的政策措施，代表性的有：2004 年国家发展改革委等部门《关于加快推行清洁生产的意见》国务院办公厅进行了转发，2005 年国务院《关于加快发展循环经济的若干意见》，2004 年自治区环保局《关于推进循环经济工作指导意见》，2005 年自治区经贸委等部门《关于加快推行清洁生产实施意见的通知》。在完善循环经济发展的法律法规和政策措施的同时，国家组织相关部门编制了多部资源型产业生态化发展相关的行业规范和标准，主要包括：国家发布的《当前国家重点鼓励发展的产业、产品和技术目录（2000 年修订）》，清洁生产技术导向目录（共三批），《清洁生产标准》（涉及诸多具体行业）。此外，《新疆国民经济和社会发展“十五”规划纲要》明确提出加快发展石油化学工业，在原油一次加工能力的基础上，重点配套完善二次加工能力，加速石油炼化由燃料型向综合化工型的转变，强化三大炼化企业的能力互补、分工协作和技术进步，形成乌鲁木齐石化、独山子石化、克拉

① 孙淑芹、孙亚超：《国内文化产业发展的制度路径选择》，《上海经济研究》，2012 年第 10 期，第 77－82 页。

玛依石化和库尔勒—库车石化的四大石油化工布局；以煤炭为基础的资源型产业，要加快大中型煤矿开发和中小煤矿改造，提高优质煤和洁净煤比重。

（2）“十一五”期间产业生态化发展政策制度。这一时期，新疆资源型产业生态化发展相关政策制度的变迁主要体现在国家及自治区对循环经济发展的政策法规的完善，有效促进了新疆资源型产业循环共生的发展。以 2008 年我国制订并实施的《中华人民共和国循环经济促进法》为标志，截至目前，我国已经制订（或修订）了多部与循环经济发展相关的法律法规，归结起来，代表性的法律法规有：《水污染防治法》（1984 年制订、2008 年修订）、2010 年的《危险废物污染环境防治办法》、2012 年的《环境保护条例（修订本）》、《自治区重金属污染防治综合规划（2010～2015 年）》、2010 年财政部会同国土资源部《矿产资源节约与综合利用专项资金管理办法》、2010 年国家发改委《支持循环经济发展的投融资政策措施的意见》、2011 年国务院《淘汰落后产能中央财政奖励资金管理办法》等。新疆维吾尔自治区政府方面主要有：2006 年自治区政府《关于做好自治区工业经济领域发展循环经济、建设节约型社会工作的实施意见》。2011 年自治区党委自治区人民政府《关于加速推进新型工业化进程的若干意见》明确提出：大力发展循环经济，加快循环经济先进适用技术的推广运用，鼓励引导石油石化、煤化工、冶金等重点行业开展循环经济试点，依法推行清洁生产。此外，《新疆国民经济和社会发展“十一五”规划》提出新疆进一步延伸石油天然气产业链，加强独山子—克拉玛依、乌鲁木齐、南疆和吐哈四大石化基地，加快形成有现代规模的石油石化产业集群，全面推动石油天然气化工业的高速度、跨越式发展，推动新疆成为西部地区重要的石油化工基地建设；高起点、高标准地引进具有优势的大企业大集团参与新疆煤炭资源的勘探开发利用，加快区内中小煤矿整合和改造，提高产业集中度、技术装备水平和煤炭回采率；积极推进哈密大南湖、准东北塔山、库车—拜城、伊犁、阜康五大煤电、煤焦化、煤化工基地建设，逐步形成煤电一体化、煤液化、煤焦化、煤化工等多产业融合发展的联动体系；加强煤炭清洁生产、深度加工转化和综合利用。

（3）“十二五”期间产业生态化发展政策制度。“十二五”期间，新疆资源型产业生态化发展政策制度变迁突出体现在进一步完善产业生态系统的政策法规上，以此促进新疆资源型产业集约化、规模化和共生化发展。2012 年，自治区发改委会同人民银行乌鲁木齐中心支行、新疆银监局《新疆维吾尔自治区建立健全投融资政策措施体系支持循环经济发展的实施意见》、《产业结构调整指导目录》（2005 年本和 2011 年本）等。这些政策、行业规范和标准的编制和发布，对资源型产业生态化发展提供了有效的资金支持，为产业循环共生的重点内容和操作流程做出了明确的规定和指导。此外，《新疆国民经济和社会发展“十二五”规划》指出，按照“大力支持上游、积极介入中游、加快发展下游”的原则，依托地缘优势及石油、天然气和煤炭资源优势，坚持高起点、规模化、集约化、优势互补、油地融合，打造独山子、乌鲁木齐、克拉玛依、库车四个具有国际竞争力的千万吨级炼油和化工基地，建设伊犁、准东、库（车）—拜（城）、和（布克赛尔）—克（拉玛依）、吐—哈五大煤化工基地和一批特色化工园区。以“龙头—产业链—产业集群”为方向，以产业集群建设为核心，与纺织、农业、建材、轻工和机电等区域优势产业有机衔接，实现资源型产业向精细加工和深加工转变。

4.2　新疆资源型产业生态化发展水平测度

4.2.1　资源型产业生态化发展原始数据的处理方法

本书选取反映新疆资源型产业生态化发展的不同方面与层次的指标，指标量纲差别较大、数据大小悬殊。因此，需要对数据进行标准化处理。本书采用极差标准化方法对原始数据进行标准化处理：

对于正向型指标，令 $y_{ij}=(x_{ij}-\min x_{ij})/(\max x_{ij}-\min x_{ij})$；

对于负向型指标，令 $y_{ij}=(\max x_{ij}-x_{ij})/(\max x_{ij}-\min x_{ij})$。

$\max x_{ij}$、$\min x_{ij}$分别指第 j 项指标下各样本的最大与最小值，y_{ij}是标准化处理后的各指标数值。

4.2.2　资源型产业生态化发展水平测度方法

产业生态化是反映产业生态化发展程度的数量指标，本书选取表征产业生态化水平的综合指标，运用熵值法计算新疆资源型产业生态化发展水平。该方法主要原理是：n 个考察对象、m 项评价指标，形成原始指标矩阵 $X=(x_{ij})_{n\times m}$，对于某项指标 x_j，指标值 x_{ij}的差距越大，则该指标在综合评价中的作用越大，如果指标值全部相等，则该指标在综合评价中不起作用。本书为了更加准确地反映新疆资源型产业生态化各项指标的权重，拟采用 2000 ~ 2012 年新疆 7 类资源型产业各项指标面板数据计算其权重。具体步骤如下：

第一，计算第 j 项指标下第 i 样本指标的比重 $C_{ij}=x_{ij}\Big/\sum_{i=1}^{n}x_{ij}$；然后，计算第 j 项指标的熵值 $G_j=-r\cdot\sum_{i=1}^{n}C_{ij}\cdot\ln C_{ij}$，式中，$r$ 为常数与样本数 n 有关，令 r

$=1/\ln n$，则$0\leqslant G\leqslant 1$。

第二，计算各指标的效用值$D_j=1-G_j$，该指标值越大，则其价值越大，权重也就越大。

第三，计算指标x_j的权重$w_j = D_j\Big/\sum_{j=1}^{m} D_j$。

第四，计算产业生态化水平，即$Y=\sum_{j=1}^{j} w_j y_j$，式中，Y表示新疆各年度产业生态化水平，在本书中为发展指数。w_j表示第j项指标的权重，y_j则指第j项指标值。

4.2.3 资源型产业生态化发展水平测算

传统经济是一种“资源—产品—污染排放”单向流动的线性经济，能量流动低效且对环境影响较大。产业生态化是可持续发展在产业层次的延伸与具体体现，通过产业共生、价值链延伸与产业体系完善，最大化资源利用效率，最小化经济增长对生态环境造成的负面影响。两者的最大区别在于资源的循环利用，资源循环利用的直接结果就是资源消耗的下降与污染排放的减少。遵循科学、系统与可操作性原则，从资源效率和环境效率两个维度来构建新疆资源型产业生态化水平评价指标体系，其中环境效率的计算参照公式为：环境效率=产品或者服务的价值/环境负荷①。具体指标体系：①资源效率指标，包括2个二级指标，即单位工业总产值能耗、单位工业总产值物耗；②环境效率指标，包括3个二级指标，即单位工业废水产值、单位工业废气产值、单位工业固体废物产值。运用熵值法确定各指标权重，并对新疆2000～2012年产业生态化水平进行测度。详见表4－1、图4－1、图4－2、表4－2。

表4－1 新疆资源型产业生态化发展水平测度指标体系

目标层	准则层	指标层	权重
产业生态化	资源效率指标	单位工业总产值能耗	0.0404
		单位工业总产值物耗	0.0627
	环境效率指标	单位工业废水产值	0.1301
		单位工业废气产值	0.3807
		单位固体废物产值	0.3861

① Keeler E., Spence M., Zeckhauser R, “The Optimal Control of Pollution”, Journal of Economic Studies, 1973: 61－77.

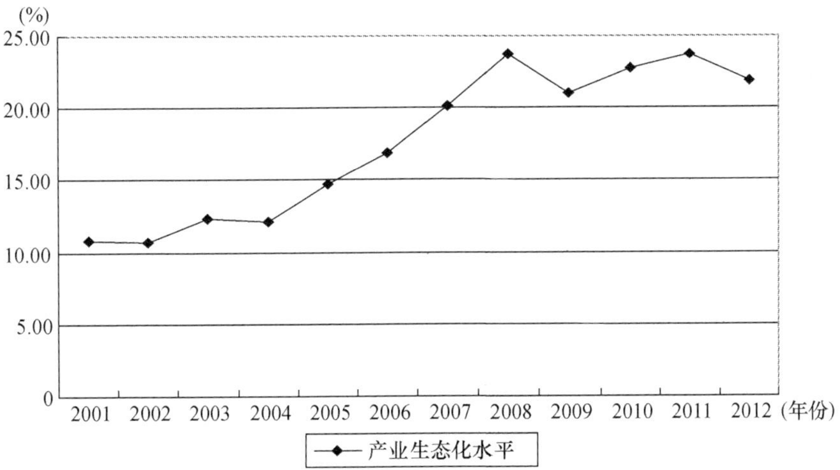

图 4－1　2001～2012 年新疆资源型产业生态化发展水平演进

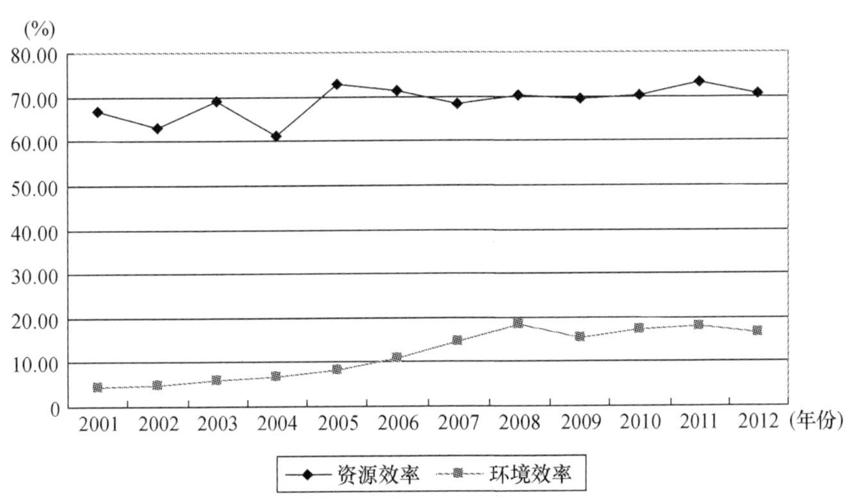

图 4－2　新疆资源型产业发展的资源效率和环境效率

新疆资源型产业生态化发展水平总体较低，产业生态化发展水平较高的 2008 年为 23.66。资源型产业生态化发展水平持续提升，增长较为缓慢，从 2001 年的 10.83 增加到 2012 年的 21.81，其中 2008 年达到最高水平 23.66，年均增加 0.915 点。新疆资源型产业的资源利用效率、产业发展对生态环境造成的破坏趋于降低。这主要是得益于：一方面西部大开发战略深入推进，新疆资源型产业技术装备水平不断提升，同时新疆加大了对资源型产业清洁生产的投资力度；另一方面国家及自治区级产业园区的发展为资源型产业共生创造了条件，促进了产业生态化发展。同时，2008～2012 年，新疆资源型产业生态化发展水平出现了较大的波动，2009 年出现了较大幅度的下降，产业生态化发展水平指数从 2008 年的 23.66 下降到 2009 年的 21.02，之后逐渐回升，2012 年再一次出现下降趋势。2009 年和 2012 年新疆资源型产业生态化发展水平的下降分别处于全球金融危机和“十二五”的开局之年，这期间由于新疆经济发展对资源型产业的依赖，导致该类型产业大规模投资的出现，由此会引起产业的粗放式发展和对生态环境的破坏。

从图 4－2 可以看出，新疆资源型产业生态化发展的资源效率和环境效率差异较大，差距在不断缩小，2001 年资源型产业资源效率发展水平为 66.91%，环境效率为 4.46%，两者发展指数相差 62.44 个百分点；2012 年资源型产业资源效率发展水平为 70.64%，环境效率为 16.34%，两者相差 54.31 个百分点。资源效率波动较大，且增长缓慢，2001 年资源型产业资源效率为 66.91%，2012 年为 70.64%，12 年间仅增长了 3.74 个百分点；环境效率增长较快，且在 2008 年之前稳定增长，由 2001 年的 4.46% 增加到 2008 年的 18.42%，2012 年降为 16.34%，较 2001 年增长了 11.87 个百分点。这说明，一方面在新疆丰富的能源资源的支撑之下，资源型产业的投资效益较高，2001 年以来新疆资源型产业的投资和能源效率相对较高，但是增长较为缓慢，技术方面创新不足，新疆资源型产业的发展呈现逐渐陷入“资源陷阱”的特征；另一方面随着新疆生态环境的瓶颈约束日益突出，资源型产业发展更加注重污染排放的降低，资源型产业发展对生态环境造成的破坏作用趋于减弱。

表 4－2　新疆各资源型产业生态化发展水平

年份	煤炭开采和洗选业	石油和天然气开采业	石油加工、炼焦及核燃料加工业	化学原料和化学制品制造业	化学纤维制造业	橡胶及塑料制品业	电力、热力生产供应业
2001	8.08	18.58	10.69	8.50	4.06	21.64	4.25
2002	7.47	18.79	10.69	8.52	3.44	22.52	3.28
2003	8.54	19.22	11.26	9.58	3.92	28.62	4.86
2004	3.58	19.57	12.06	8.19	6.09	28.39	7.19
2005	6.48	21.39	13.08	7.51	8.65	39.19	6.95
2006	4.98	22.33	14.67	7.63	9.59	51.84	7.40
2007	5.08	22.95	15.82	7.36	8.70	74.61	6.45
2008	7.68	24.64	18.76	8.65	6.66	92.20	7.00
2009	6.71	19.64	17.65	8.45	9.42	79.56	5.71
2010	6.48	20.64	19.07	8.75	10.11	87.79	6.34
2011	7.76	22.47	23.80	7.92	9.75	88.80	5.71
2012	7.71	21.74	20.40	7.92	9.83	78.63	6.45

资料来源：根据《新疆统计年鉴》（2002～2013）计算而得。

从表 4 – 2 可以看出，新疆不同类型资源型产业生态化发展水平差异较大，煤炭开采和洗选业、化学原料和化学制品制造业、化学纤维制造业、电力、热力生产供应业四类资源型产业生态化发展水平总体较低，其中煤炭开采和洗选业、化学原料和化学制品制造业产业生态化发展水平趋于恶化，化学纤维制造业和电力、热力生产供应业产业生态化水平趋于提升，但增长较慢。石油和天然气开采业，石油加工、炼焦及核燃料加工业，橡胶及塑料制品制造业三类资源型产业生态化发展水平总体较高，其中石油加工、炼焦及核燃料加工业和橡胶及塑料制品制造业产业生态化水平增长较快，尤其是橡胶和塑料制品业产业生态化发展水平由 2001 年的 21.64% 增加到 2012 年的 78.63%，平均每年增长 4.75 个百分点。

4.3　不同类型资源型产业生态化发展水平演进比较分析

4.3.1　不同类型资源型产业生态化发展水平演进过程中的效率比较

（1）不同类型资源型产业生态化发展水平演进过程中的资源效率比较。利用表 4 – 1 中资源效率指标，采用熵值法确定各指标的权重，在对各指标数值进行标准化的基础上，计算七类资源型产业 2001 ~ 2012 年产业生态化发展资源效率，详见表 4 – 3。

表 4 – 3　新疆不同类型资源型产业生态化发展水平演进的资源效率

单位：%

年份	煤炭开采和洗选业	石油和天然气开采业	石油加工、炼焦及核燃料加工业	化学原料和化学制品制造业	化学纤维制造业	橡胶及塑料制品业	电力、热力生产供应业
2001	75.834	65.207	88.343	76.058	33.521	91.543	37.837
2002	69.602	61.797	87.186	75.391	27.924	91.229	27.920
2003	79.186	67.588	88.199	79.371	34.129	92.243	43.146
2004	30.435	70.172	89.699	66.171	55.705	52.347	64.029
2005	56.901	77.710	88.250	58.650	79.963	87.209	60.631
2006	40.067	79.744	88.050	58.437	89.052	81.425	63.105
2007	38.589	80.292	84.096	57.036	79.292	87.089	52.400
2008	59.919	83.591	89.974	64.233	59.371	86.718	48.745
2009	51.054	76.630	88.883	63.247	86.725	81.392	37.553
2010	42.176	79.675	90.782	65.661	92.131	85.823	34.335

续表

年份	煤炭开采和洗选业	石油和天然气开采业	石油加工、炼焦及核燃料加工业	化学原料和化学制品制造业	化学纤维制造业	橡胶及塑料制品业	电力、热力生产供应业
2011	53.572	83.697	92.991	58.409	90.128	99.898	34.137
2012	53.875	82.030	91.901	56.505	92.181	82.935	35.083

资料来源：根据《新疆统计年鉴》（2002～2013）计算而得。

从表 4－3 可以看出，新疆资源型产业生态化发展水平演进过程中资源效率总体水平差距较大，2001 年资源效率较高的有煤炭开采和洗选业，石油天然气开采业，石油加工、炼焦及核燃料加工业，化学原料和化学制品制造业，橡胶及塑料制品业，最高的橡胶及塑料制品业与最低的化学纤维制造业相差 58.022 个百分点；2012 年资源效率较高的有石油和天然气开采业，石油加工、炼焦及核燃料加工业，化学纤维制造业，橡胶及塑料制品业，最高的化学纤维制造业与最低的电力、热力生产供应业相差 57.098 个百分点。此外，以石油天然气为基础的资源型产业生态化发展水平演进过程中资源效率普遍较高，以煤炭为基础的资源型产业生态化发展水平演进过程中资源效率普遍较低。石油和天然气开采业，石油加工、炼焦及核燃料加工业，化学纤维制造业产业生态化发展水平演进过程中资源效率趋于提升，其中化学纤维制造业的资源效率增长较快，发展水平由 2001 年的 33.521% 上升到 2012 年的 92.181%，12 年间增长了 58.66 个百分点，年均增长 4.9 个百分点。煤炭开采和洗选业，化学原料和化学制品制造业，橡胶及塑料制品业，电力、热力生产供应业产业生态化发展水平演进过程中资源效率趋于下降，其中下降幅度较大的是煤炭开采和洗选业，由 2001 年的 75.834% 下降为 2012 年的 53.875%，下降了 21.959 个百分点。

（2）不同类型资源型产业生态化发展水平演进过程中的环境效率比较。利用表 4－1 中环境效率指标，采用熵值法确定各指标的权重，在对环境效率各指标数值进行标准化的基础上，计算七类资源型产业 2001～2012 年产业生态化发展环境效率，详见表 4－4。

表 4－4　新疆不同类型资源型产业生态化发展水平演进的环境效率

年份	煤炭开采和洗选业	石油和天然气开采业	石油加工、炼焦及核燃料加工业	化学原料和化学制品制造业	化学纤维制造业	橡胶及塑料制品业	电力、热力生产供应业
2001	0.291	13.570	1.807	0.750	0.655	13.790	0.388
2002	0.325	14.232	1.946	0.858	0.611	14.825	0.455

续表

年份	煤炭开采和洗选业	石油和天然气开采业	石油加工、炼焦及核燃料加工业	化学原料和化学制品制造业	化学纤维制造业	橡胶及塑料制品业	电力、热力生产供应业
2003	0.419	14.032	2.470	1.604	0.435	21.506	0.470
2004	0.505	14.112	3.206	1.564	0.382	25.776	0.677
2005	0.683	15.295	4.549	1.677	0.449	33.747	0.804
2006	0.946	16.123	6.401	1.835	0.464	48.432	1.022
2007	1.234	16.774	8.198	1.699	0.591	73.065	1.203
2008	1.692	18.294	10.889	2.322	0.598	92.840	2.274
2009	1.618	13.401	9.749	2.220	0.538	79.414	2.103
2010	2.397	14.185	11.156	2.279	0.699	87.932	3.210
2011	2.528	15.836	16.342	2.180	0.515	87.450	2.512
2012	2.436	15.219	12.559	2.409	0.369	78.130	3.248

资料来源：根据《新疆统计年鉴》（2002～2013）计算而得。

从表4－4可以看出，新疆不同类型资源型产业生态化发展水平演进过程中，环境效率总体趋于上升，其中煤炭开采和洗选业，石油加工、炼焦及核燃料加工业，橡胶及塑料制品业，电力、热力生产供应业的环境效率增加幅度较大，2012年环境效率分别是2001年的8.37倍、6.95倍、5.67倍和8.37倍。化学纤维制造业的环境效率趋于下降，发展水平由2001年的0.655下降为2012年的0.369。

4.3.2　不同类型资源型产业生态化发展水平演进过程中组织模式比较

以石油、天然气为基础的资源型产业生态化发展水平演进过程中的组织模式以国有大型企业为主导，煤炭资源型产业则在自治区政府引导之下引进外来大中型企业推动。主要体现在以下两个方面：一是中央企业中石化、中石油在新疆石油天然气资源型产业中处于相对垄断地位，其投资方向决定了新疆石油天然气资源型产业生态化发展水平演进的方向。目前这两大央企产业布局以石油天然气资源的开采为主，而精深加工项目安排较少，直接制约着资源型产业共生的发展。石油石化领域地方企业相对较少，缺乏依托新疆内大的化工企业的中小企业产业集群。二是自治区政府围绕煤炭资源型产业发展制定的“外来企业不能以开发原煤为主，要以煤化工项目为主”招商原则，推动了新疆煤化工产业的发展。国内大型煤炭煤化工企业山东鲁能集团、神华集团、山东新汶矿业集团、内蒙古庆华集团、国家开发投资公司、中国华电集团、徐矿集团等纷纷投资于新疆的煤化工项目，神华集团的煤制油、庆华集团的煤制天然气、新疆广汇集团的煤制烯烃等为推动新疆煤炭资源型产业生态化发展水平提升，也为煤、石油、天然气资源型产业循环共生发展创造条件。

4.3.3 不同类型资源型产业生态化发展水平演进过程中技术条件比较

以中石油、中石化为基础的石油天然气资源型产业清洁生产与共生发展的技术条件较为成熟，以煤炭为基础的资源型产业生态化发展技术“瓶颈”约束依然突出。一方面，在自治区的推动下，逐渐形成了独山子石化、乌鲁木齐石化、克拉玛依石化、库车石化四个具有国际竞争力、千万吨级大型炼化基地及一批重点石化园区，目前新疆可以生产油品、乙烯、合成树脂、化纤单体、化肥、轮胎等多种石化产品，各类聚酯、甲乙酮、顺酐、硫酸钾、油品添加剂、LNG 等新产品在区内实现了大规模生产，2012 年新疆生产原油 2426.9 万吨、乙烯 127.09 万吨、轮胎外胎 127.94 万条、塑料制品 139.97 万吨。另一方面，煤炭开发利用技术落后，产业链条短，缺乏关键产业共生技术。长期以来，新疆煤炭主要用于终端消费、发电和炼焦，煤化工规模小，工艺落后、产品品种少，附加值低；煤的液化和气化、煤层气开发利用等现代煤化工技术处于初级发展阶段①，煤炭资源的上游产业技术进步速度明显低于全国平均水平，加上经济高速增长导致的需求膨胀，加剧了资源的粗放式开发和低效利用以及资源的破坏和更为严重的资源浪费，在下游产业的发展中缺少有效的产业耦合和生产链网，生产过程中的废物、废能没有得到充分利用而造成利用率低，同时带来一系列生态环境问题。目前，以煤制天然气、煤制甲醇为代表的新疆煤炭资源型产业技术尚处于起步阶段，其生态环境和经济效益仍待进一步检验。

4.4 新疆资源型产业生态化发展水平演进特征

（1）资源型产业生态化发展水平演进中国有大中型企业支撑作用突出。国有大中型企业拥有比较先进的技术和丰富的资本，在新疆资源型产业向清洁生产演进过程中起着关键支撑作用。主要体现在以下两方面：一是以石油天然气为基础的石油化工产业在产业生态化发展水平演进过程中资源效率和环境效率相对较高。二是以国有大中型企业为基础的石油石化产业园区规模较大，产业集聚程度

① 刘环玉：《基于循环经济的新疆煤炭产业可持续发展研究》，新疆大学博士学位论文 2010 年。

高，北疆形成以炼油和石油大化工为主导的独山子—克拉玛依石化基地和乌鲁木齐石化基地；南疆逐渐建成以天然气开采利用、重油加工为主的石化下游产业基地；东疆以吐哈油田为基础，利用天然气优势，构建大型LNG项目和特色石化产品。

（2）不同类型资源型产业生态化发展水平演进速度差异较大。新疆不同类型的资源型产业生态化发展水平的演进速度存在较大差异。主要表现在以下两方面：一是石油和天然气开采业，石油加工、炼焦及核燃料加工业，橡胶及塑料制品业产业生态化水平较高且提升较快。煤炭开采和洗选业、化学原料和化学制品制造业产业生态化水平趋于下降。二是产业生态化发展水平演进过程中资源效率与环境效率差异较大。资源型产业生态化发展水平演进过程中资源效率普遍相对较高，但发展缓慢；环境效率相对较低，但在持续提升。

（3）新疆资源型产业生态化发展水平演进主要依赖于环境污染治理。新疆资源型产业生态化发展水平演进过程中政府引导的企业环境污染治理发挥了重要作用。主要体现在以下两个方面：一是新疆资源型产业生态化发展的环境效率持续提升，同时资源效率增长较为缓慢，这表明资源型产业技术进步较慢，政府强制的环境污染治理迫使企业工业废水、废气、废物排放量减少。二是以国有大中型企业为主导的石油天然气资源型开采业仅仅注重自身的污染排放的减少，而较少注重通过产业链的延长以及产业共生来实现产业生态化发展。

第5章　新疆资源型产业生态化发展绩效评价

学术界关于绩效的概念尚存在一定的争议，从字面理解，绩效是指成绩和效率，绩效的英文单词为“Performance”，包括履行、执行、表现和成绩等多重含义。目前关于绩效的评估，重点关注产业或者组织活动的投入产出关系，反映产业或者组织的资源配置效率。产业生态化是可持续发展在产业层次的延伸与具体体现，直接表现是产业共生、价值链延伸与产业体系完善，以此来实现资源利用效率的提升，最小化经济增长对生态环境造成的负面影响。在资源型产业生态化发展水平演进过程中，资源型产业资源利用效率和对生态环境的影响也将持续地变化。资源型产业发展绩效包含生态绩效、经济绩效和社会绩效。资源型产业生态化发展绩效重点衡量产业生态化对经济和社会发展所造成的影响，而资源型产业发展的生态绩效内生于产业生态化发展的过程之中。

5.1　新疆资源型产业生态化发展经济绩效测度

5.1.1　资源型产业生态化发展的宏观经济绩效测度分析

资源型产业在新疆经济中具有重要的支撑作用，其产业生态化发展能够促进新疆经济的增长。主要体现在以下几个方面：一是产业生态化发展促进新疆煤、石油、天然气等资源型产业对资源的循环利用，从而提升资源使用效率；二是新疆煤、石油、天然气等资源型产业具有典型的高排放特征，产业生态化发展减少经济发展对环境造成的负面影响，为经济可持续发展创造条件；三是产业生态化发展制度完善将会从正向激励和拟向倒逼两个维度促使企业为优化资源的生产效率而努力，积极在内部或外部价值链探索增加附加值或降低成本的途径，促进企业技术创新，提升企业竞争力，为经济可持续发展奠定微观基础。

5.1.1.1 模型、变量与数据

本书拟选取柯布—道格拉斯生产函数作为基本模型，将新疆每年的资本和劳动力作为控制变量，分别将产业生态化水平、产业生态化发展资源效率、产业生态化发展环境效率引入到经济增长模型之中，综合评价新疆资源型产业生态化发展对新疆经济增长所产生的影响。具体模型形式如下：

$$Y = AK^{\alpha}L^{\beta}E^{\gamma} \tag{5-1}$$

式中，A 为常数项；Y 代表经济增长，本书采用人均国内生产总值来表征；K 代表资本，本书用新疆固定资产投资总额表征；L 代表劳动力，本书用从业总人数来表征；E 代表资源型产业生态化发展，本书分别用产业生态化水平、资源效率和环境效率三个变量进行分析。为了方便求解，对模型进行对数变换：

$$\ln Y = \varphi + \alpha \ln K + \beta \ln L + \gamma \ln EC + \varepsilon \tag{5-2}$$

$$\ln Y = \varphi + \alpha \ln K + \beta \ln L + \gamma \ln EE + \varepsilon \tag{5-3}$$

$$\ln Y = \varphi + \alpha \ln K + \beta \ln L + \gamma \ln EF + \varepsilon \tag{5-4}$$

式中，φ 代表常数项，$\ln EC$、$\ln EE$、$\ln EF$ 分别表示产业生态化水平、产业生态化发展资源效率和环境效率的对数值；α、β、γ 分别表示资本、劳动力和产业生态化的弹性系数；ε 表示残差项。人均国内生产总值、投资和劳动力数据来源于《新疆统计年鉴》(2002，2013)，产业生态化数据在《新疆统计年鉴》(2002，2013）的基础上计算而得，即第4章产业生态化发展水平测算结果。此外，为了消除价格因素对经济增长的影响，本书采用以1970年为基期的居民消费价格指数对原始数据进行平减。

5.1.1.2 新疆资源型产业生态化发展宏观经济绩效的测度

（1）时间序列数据的单位根检验。为避免由非平稳时间序列造成的“伪回归”问题，首先对原始数据进行单位根检验。本书采用ADF（The Augmented Dickey－Fuller Test）方法检验上述各变量时间序列数据的平稳性，检验结果见表5－1。

表5－1 ADF检验结果

变量	检验形式（C，T，K）	ADF检验统计量	5%临界值	结论
lnY	（C，N，0）	－0.4808	－3.1754	不平稳
△lnY	（C，N，0）	－3.3399	－3.2127	平　稳
lnE	（N，N，0）	1.7676	－1.9777	不平稳
△lnE	（N，N，0）	－2.1817	－1.9823	平　稳
lnEE	（C，T，0）	－5.2117	－3.933	平　稳

续表

变量	检验形式（C，T，K）	ADF 检验统计量	5%临界值	结论
lnEF	（C，N，0）	-1.5679	-4.2001	不平稳
△lnEF	（C，N，0）	-1.8513	-3.2127	不平稳
△△lnEF	（C，N，0）	-3.897	-3.2598	平　稳
lnK	（C，T，0）	-0.3044	-4.1078	不平稳
△lnK	（C，T，2）	-2.8137	-4.2465	不平稳
△△lnK	（C，T，0）	-7.6971	-4.1078	平　稳
lnL	（C，T，0）	1.2405	-3.1754	不平稳
ClnL	（C，T，0）	-1.7006	-3.2127	不平稳
△△lnL	（C，N，0）	-3.3949	-3.2598	平　稳

注：本表 ADF 检验采用 Eviews6.0 软件计算，检验形式（C，T，K）分别表示单位根检验方程带有截矩项、时间趋势项和滞后阶数，N 表示不带截矩项或时间趋势项；△、△△分别表示一阶差分和二阶差分，K 的值依据 AIC 和 SC 准则确定。

由表 5-1 可得，在 5%的显著性水平上，产业生态化发展的资源效率是平稳的，人均国内生产总值、产业生态化水平是一阶单整，产业生态化发展的环境效率、资本投入和劳动力投入三个变量是二阶单整。因此，在对模型进行回归的过程中，要消除序列相关性对回归结果的影响。

（2）产业生态化与经济增长之间的格兰杰因果关系检验。为进一步确认产业生态化与经济增长之间的因果关系，本书使用格兰杰因果关系检验方法对产业生态化发展水平、产业生态化资源效率以及环境效率与经济增长之间的因果关系进行检验，检验结果见表 5-2。

表 5-2　格兰杰因果检验结果

原假设	滞后阶数	F 统计量	显著性水平	结论
lnE 不是 lnY 的格兰杰原因	2	3.76	0.10	拒绝
lnY 不是 lnE 的格兰杰原因	2	0.54	0.61	接受
lnEE 不是 lnY 的格兰杰原因	2	0.34	0.73	接受
lnY 不是 lnEE 的格兰杰原因	2	1.79	0.26	接受
lnEF 不是 lnY 的格兰杰原因	2	5.17	0.06	拒绝
lnY 不是 lnEF 的格兰杰原因	2	0.41	0.68	接受
lnE 不是 lnY 的格兰杰原因	3	44.8	0.02	拒绝
lnY 不是 lnE 的格兰杰原因	3	2.49	0.3	接受

续表

原假设	滞后阶数	F 统计量	显著性水平	结论
lnEE 不是 lnY 的格兰杰原因	3	0.31	0.82	接受
lnY 不是 lnEE 的格兰杰原因	3	0.55	0.7	接受
lnEF 不是 lnY 的格兰杰原因	3	8.36	0.108	拒绝
lnY 不是 lnEF 的格兰杰原因	3	1.81	0.38	接受

注：本表格兰杰因果检验采用 Eviews6.0 软件计算。

由表 5－2 可知，新疆资源型产业生态化发展水平与经济增长之间存在单向因果关系，且滞后 3 期显著性更高；资源型产业生态化发展资源效率与经济增长之间不存在因果关系；资源型产业生态化发展环境效率与经济增长之间存在单向因果关系，且滞后 2 期比滞后 3 期的显著性水平高。通过格兰杰因果关系检验结果可以得出，首先，新疆资源型产业生态化发展能够推动经济增长，这种推动作用随着时间的延长会越来越明显；其次，资源型产业生态化环境效率的提升能够促进新疆经济增长，资源型产业发展过程中环境污染物排放量的减少，能够有效破解新疆经济发展的“生态瓶颈”约束，从而为新疆经济持续发展创造良好的环境条件；最后，产业生态化进程中资源效率改善不是经济增长的原因。

（3）产业生态化与经济增长的回归分析。单位根检验表明产业生态化水平、固定资产投资、劳动力和经济增长均是非平稳时间序列，因此，本书在回归分析的过程中运用计量经济学 ARMA 模型进行实证检验，即在模型回归过程中引入移动平均项（MA）来消除序列相关性的影响（见表 5－3）。

表 5－3　产业生态化与经济增长回归检验结果

	模型（5－2）	模型（5－3）	模型（5－4）
φ	−8.796* （−2.345）	−9.434* （−1.911）	−7.287* （−2.046）
lnEC	0.248** （2.581）	—	—
lnEE	—	−0.382 （−1.033）	—
lnEF	—	—	0.16** （3.197）
lnK	0.002 （0.015）	0.032 （0.151）	0.032 （0.244）

续表

	模型（5－2）	模型（5－3）	模型（5－4）
lnL	2.402** (2.607)	2.77* (2.107)	2.15** (2.515)
MA（2）	－0.45 (－1.305)	－0.959*** (－15.38)	－0.522 (－1.479)
AdR^2	0.9892	0.9886	0.9917
F 值	254.011	240.449	329.02
D.W 值	2.237	2.583	2.285
LM 统计量	1.342	2.163	1.5

注：本表回归检验采取 Eviews6.0 软件计算而得；*、**、*** 分别表示 10%、5% 和 1% 的显著性水平，括号内为 T 值。

从表 5－3 可以看出，引入资源型产业生态化发展变量滞后，模型（5－2）、模型（5－3）、模型（5－4）很好地拟合了新疆经济增长的过程，调整后的可决系数均达到 98% 以上，同时 3 个模型的 F 值均比较大。引入两阶移动平均项 MA（2）后，D.W 值和 LM 统计量均表明 3 个模型不存在序列相关性。因此，3 个模型的回归结果是有效的。

实证检验表明，资源型产业生态化发展能够有效地促进新疆经济发展，产业生态化水平提升 1 个百分点，新疆经济提升 0.248 个百分点；产业生态化发展的环境效率提升 1 个百分点，新疆经济提升 0.16 个百分点；产业生态化发展的资源效率对新疆经济增长的促进作用不显著。

5.1.2 资源型产业生态化发展的微观经济绩效测度分析

目前，理论界关于产业生态化发展对微观企业的影响尚存在一定的争论，一种观点就是所谓的"污染天堂假说"，这种观点认为产业生态化发展提升了企业的生产成本，从而降低了企业的盈利能力（Jaffe，1995）。相反，以 Macheal Porter（1995）为代表的一些学者则认为，产业生态化能够促进企业在内部或者外部价值链探索增加附加值或者降低成本的途径，从而推动企业创新的产生，能够通过创新获取两种补偿：一种是工艺创新补偿，即通过与环境更加融合的工艺来实现资源利用效率的提升，减少污染，降低成本；另一种是产品的创新补偿，即生产出成本更低、更环保的产品；这两种补偿所带来的效率增加和产品创新能够很好地补偿由于产业生态化发展所提升的企业成本。无论是"污染天堂假说"还是"波特的学说"都认为产业生态化发展会对产业的成本或者收益产生影响，进而作用于产业的利润水平。

5.1.2.1 模型构建

新疆资源型产业生态化发展的微观经济绩效评价主要是测度其对微观企业盈利能力的影响。参照李小平、卢现祥等（2013）构建的关于工业行业利润的计量经济学模型，本书构建新疆资源型产业利润的面板数据模型。此外，资源型产业是典型的资本和技术密集型行业，因此本书构建的面板数据模型中去掉了人力投入、贸易开放两个变量，加入产业生态化发展变量，保留了物质资本强度、国有企业比重、价格水平、企业规模和研发强度五个变量。具体模型如下：

$$\ln LR_{it} = \gamma_i + \eta_t + \beta_1 \ln E_{it} + \beta_2 \ln ZB_{it} + \beta_3 \ln JG_{it} + \beta_4 \ln GJ_{it} + \beta_4 \ln GM_{it} + \beta_5 \ln YF_{it} + \varepsilon_{it} \tag{5-5}$$

式中，i 表示行业，t 表示年度；LR 表示利润水平；E 表示产业生态化发展；ZB 表示资本投入强度；JG 表示价格水平；GJ 表示国有企业产值比重；GM 表示企业规模水平；YF 表示企业研发水平；γ_i、η_t、ε_{it}分别表示不可观测的行业差异效应、年度变化效应和其他干扰项。回归的过程中对数据进行了对数化处理，这样既可以在一定程度上消除面板数据在时间序列上的非平稳性，又可以反映变量之间的弹性关系。主要变量说明如下：

（1）利润水平（LR）。反映资源型产业微观企业的盈利能力，本书以行业的总体利润水平来表示。

（2）产业生态化（E）。反映资源型产业生态化发展情况，在回归检验的过程中依次使用产业生态化发展水平（EC）、产业生态化发展的资源效率（EE）和环境效率（EC）来代替。参照 Macheal Porter 的观点，资源型产业生态化发展能够有效提升资源型企业技术创新水平，从而提升企业的盈利能力。

（3）资本投入强度（ZB）。反映资源型产业资本投资水平，本书用人均固定资产投资量来表示。参照林毅夫等（2006）提出的适宜技术的观点，即一个国家最适宜的技术结构内生决定于这个国家的要素禀赋结构。因此，对于资本密集型的资源型产业，资本投入水平越高，相应的产业全要素生产率就会越高，盈利能力就会越强。

（4）价格水平（JG）。反映资源型产品价格水平对行业利润的影响。本书以工业资源型产业工业品出场价格来表示，价格水平越高，企业的利润水平就会越高。

（5）国有企业产值比重（GJ）。反映资源型产业微观企业的性质对行业利润水平的影响，本书用资源型产业各行业国有企业产值占总产值比重来表示。一般来讲，非国有企业的管理体制更加灵活，其适应市场的能力较强，盈利能力也就相应较强（姚洋，2001；张军，2009）。但是，资源型产业中国有企业往往拥有更多的资本和更先进的技术，国有企业的盈利能力可能更高，因此，对于资源型产业，国有企业产值比重越大，相应的利润水平可能就会越高。

（6）企业规模（GM）。反映企业规模对行业利润的影响，本书用资源型产业各行业工业总产值除以企业个数计算而得。新贸易理论认为，规模经济是经济增长的主要动力。对于资源型产业，行业规模越大，企业越能通过规模经济的实现，降低企业的经营成本，提升自身的盈利能力。

（7）研发水平（YF）。反映企业的研发投入强度对行业利润的影响，本书用资源型产业各行业研发投入占工业总产值的比重来表示。内生经济增长理论认为，研发投入是生产率增长的重要源泉。研发投入能够推动资源型产业技术创新，从而提升企业的盈利能力。

5.1.2.2　数据来源与处理

利润水平、资本投入强度、价格水平、国有企业产值比重、企业规模和研发水平相关数据来源于《新疆统计年鉴》（2002，2013）；产业生态化发展水平、资源效率和环境效率数据来源于第4章计算的结果，即表4-2、表4-3、表4-4的数据。同时，由于各行业利润水平存在负数，为了便于求对数，本书采用极差化方法对利润水平进行了标准化处理。计算公式如下：

$$SLR_{it} = (LR_{it} - \min(LR_{it}))/(\max(LR_{it}) - \min(LR_{it})) \quad (5-6)$$

5.1.2.3　资源型产业微观企业利润水平描述性分析

新疆不同类型资源型产业盈利能力差距较大，煤炭开采和洗选业、石油和天然气开采业长期以来在行业总利润中占有较大比重，化学纤维制造业利润水平较低，2012年煤炭开采和洗选业、石油和天然气开采业利润总额分别是319905.8万元和5845595.9万元，合计占到资源型产业利润总额的86.68%，化学纤维制造业仅有1141.2万元。各种类型资源型产业利润水平总体处于上升趋势，增长较快的分别是化学原料和化学制品制造业、石油和天然气开采业，2012年两个行业的利润总额分别是2001年的174.56倍和6.8倍；石油加工、炼焦及核燃料加工业利润水平波动加大，长期利润总额为负。

表5-4　新疆不同类型资源型产业微观企业利润水平

单位：万元

年份	煤炭开采和洗选业	石油和天然气开采业	石油加工、炼焦及核燃料加工业	化学原料和化学制品制造业	化学纤维制造业	橡胶及塑料制品业	电力、热力生产供应业
2001	6956.5	859710	-12150	3645.9	-2110.4	-2355.7	-20782
2002	8177.2	653643.4	-17112.1	12545	-1020	227.1	-25417.3
2003	10985.9	1251356.6	-1231.2	25755.4	-568.3	11462.1	-79296.2

续表

年份	煤炭开采和洗选业	石油和天然气开采业	石油加工、炼焦及核燃料加工业	化学原料和化学制品制造业	化学纤维制造业	橡胶及塑料制品业	电力、热力生产供应业
2004	16344.3	1924736.9	49659.9	38821.7	2267.3	19775.8	-63206.8
2005	12457.9	3819423.9	-267683.7	56442.1	11455.3	19081.7	-28612
2006	39247.8	5523516.9	-353669	72120	14077.2	25878.8	-17201.5
2007	50269.5	5881920.4	-215752.9	156504.2	56784.4	18984	20740.8
2008	124000.4	7081761.1	-809599	210556.4	-11324.4	18490.5	92296.4
2009	145675.2	2891020.7	352001.5	165705.2	55607.1	19275.2	162758.5
2010	115863.3	4756662.1	600283.6	431191.7	59930.5	39516.2	295945.1
2011	275618.4	6952227.6	-753763.7	677372.8	-16719.8	38486	453165.3
2012	319905.8	5845595.9	-189190.3	636413.1	1141.2	70876.7	428461.8

资料来源：根据《新疆统计年鉴》（2002～2013）计算而得。

5.1.2.4 面板数据单位根检验

为消除面板数据的非平稳造成的“伪回归”问题，首先进行单位根检验，检验面板数据的平稳性。常用的检验方法有四种，LLC 检验、IPS 检验、Fisher－ADF 检验和 Fisher－PP 检验。其中，LLC 检验与实际情况相差较远；IPS 检验假设条件虽然较符合现实，但是其对非平衡面板数据的检验存在一定的局限性；Fisher－ADF 和 Fisher－PP 检验结果较为稳定，不随滞后阶数的变化而变化。为了提高检验结果的有效性，本书在上述四种检验方法的基础上，给出 Hadri 检验结果。

表5－5 面板数据的单位根检验

检验方法	lnLR		lnEC		lnEE	lnEF
	水平检验	一阶差分	水平检验	一阶差分	水平检验	水平检验
LLC	1.42 (0.92)	-4.73 (0.00)	-1.65 (0.05)	-6.86 (0.00)	-2.7 (0.00)	-3.24 (0.00)
IPS	2.06 (0.98)	-3.43 (0.00)	-0.57 (0.28)	-5.19 (0.00)	-1.7 (0.04)	-1.57 (0.05)
Fisher－ADF	13.85 (0.46)	37.96 (0.00)	16.09 (0.31)	50.49 (0.00)	22.97 (0.06)	22.98 (0.06)
Fisher－PP	14.05 (0.45)	46.88 (0.00)	16.16 (0.30)	54.86 (0.00)	20.77 (0.11)	21.14 (0.09)
Hadri	4.50 (0.00)	0.47 (0.31)	3.96 (0.00)	-0.005 (0.50)	2.56 (0.01)	5.32 (0.00)
结论		I（1）		I（1）	I（0）	I（0）

续表

检验方法	lnZB	lnJG	lnGJ	lnGM	lnYF
	水平检验	水平检验	水平检验	水平检验	水平检验
LLC	-6.33 (0.00)	-5.80 (0.00)	-3.27 (0.00)	-2.10 (0.02)	-5.65 (0.00)
IPS	-1.76 (0.04)	-5.30 (0.00)	-2.39 (0.01)	-1.82 (0.03)	-3.38 (0.00)
Fisher-ADF	25.21 (0.03)	50.72 (0.00)	27.52 (0.02)	25.18 (0.03)	29.46 (0.00)
Fisher-PP	12.07 (0.60)	42.63 (0.00)	27.79 (0.02)	14.07 (0.44)	30.97 (0.00)
Hadri	3.65 (0.00)	-1.19 (0.88)	0.18 (0.43)	3.07 (0.00)	2.32 (0.01)
结论	I (0)	I (0)	I (0)	I (0)	I (0)

注：括号内数据是对相应统计检验的收尾概率，即P值，该值是依靠渐进正态分布计算而得；资本投入强度、企业规模两个变量检验形式带截距项和时间趋势项，其余变量检验形式带截距项，不带时间趋势项；滞后阶数的选取依据SCI信息准则确定。

单位根检验结果表明，资源型产业企业利润水平和产业生态化发展水平两个变量是1阶单整，其余7个变量均是平稳时间序列。但是，产业生态化发展的环境效率、资本投资强度、企业规模和研发投入的Hadri检验结果表明是非平稳的。因此，在进行回归检验的过程中要注意消除数据非平稳造成的影响。

5.1.2.5　资源型产业生态化发展的微观经济绩效的测度

本书拟采用新疆2001~2012年资源型产业7个行业的面板数据进行实证分析，与截面数据和时间序列数据相比，面板数据能够很好地控制不同类型资源型产业之间的异质性，减少解释变量之间的多重共线性，给出更多的信息，提高参数估计的有效性。在分析的过程中，首先确定采用固定效应模型还是随机效应模型，通常的做法是如果不能将观测个体当成是一个从大总体中随机抽样的结果时，就把截矩项看作待估参数，采用固定效应模型，反之则选择随机效应模型（Wooldridge，2000）。但是，实践分析中，这种做法并不完全合理。本书拟采用Hausman检验确定选择固定效应模型还是随机效应模型。

如表5-6所示，方程1、方程2和方程3分别是在模型（5-5）的基础上，将产业生态化发展变量用产业生态化发展水平的对数（lnEC）、产业生态化发展的资源效率的对数（lnEE）和环境效率的对数（lnEF）代替得出的。Hausman统计量的值大于临界值，本书选择固定效应模型。为了对比分析，本书给出固定效应模型和随机效应模型的估计结果。回归检验表明，模型较好地拟合了资源型产业微观企业的利润，3 个方程的固定效应模型的调整后可决系数分别是 0.673、0.64 和 0.705。从方差膨胀因子 VIF 的范围来看，都小于 10，不存在多重共线性的问题。固定效应模型在引入随机扰动项一阶自回归过程之后，消除了序列相关性的影响，模型的拟合优度得以提升。

表 5－6 面板数据模型的估计结果

自变量	方程 1		方程 2		方程 3	
	POLS_ FEE	POLS_ REE	POLS_ FEE	POLS_ REE	POLS_ FEE	POLS_ REE
C	-0.949 (-0.247)	-0.288 (-0.100)	-2.749 (-0.584)	2.085 (0.664)	-1.432 (-0.494)	-0.302 (-0.106)
lnEC	-1.130* (-1.733)	-0.016 (-0.150)	—	—	—	—
lnEE	—	—	-0.004 (-0.004)	-0.686 (-2.021)	—	—
lnEF	—	—	—	—	-0.949** (-2.131)	0.008 (0.152)
lnZB	0.029 (0.170)	-0.057 (-0.561)	0.003 (0.013)	-2.202* (-1.741)	0.099 (0.594)	-0.045 (-0.494)
lnJG	1.222* (1.918)	-0.051 (-0.082)	1.052* (1.620)	-0.031 (-0.051)	1.196* (2.034)	-0.053 (-0.086)
lnGJ	0.028 (0.341)	0.239*** (2.705)	0.029 (0.339)	0.199** (2.191)	0.03 (0.481)	0.239*** (2.738)
lnGM	0.081 (0.423)	0.195*** (3.587)	0.035 (0.168)	0.280*** (4.118)	0.131 (0.397)	0.191*** (3.587)
lnYF	-0.018 (-0.286)	0.133** (2.176)	-0.003 (0.963)	0.153*** (2.740)	-0.003 (-0.056)	0.126** (2.171)
AR (1)	0.526*** (3.029)	—	0.579** (2.296)	—	0.561*** (3.585)	—
AdR^2	0.673	0.281	0.640	0.318	0.705	0.281
F 值	8.195	4.387	7.209	5.036	10.146	4.387
D.W 值	1.500	0.912	1.380	1.045	1.552	0.902
H 值	—	39.632	—	35.498	—	42.147
VIF 范围	1.110~9.410	1.110~9.410	1.110~5.235	1.110~5.235	1.110~5.562	1.110~5.562
备注	固定效应	随机效应	固定效应	随机效应	固定效应	随机效应

注：括号内数值为 T 检验值；***、**、* 分别表示 1%、5%、10% 的显著性水平；H 代表固定效应和随机效应检验的 Hausman 值；固定效应和随机效应模型估计采用 Eviews6.0。

实证检验结果表明，产业生态化发展对企业利润的提升具有负向影响作用，其中产业生态化发展总体水平对企业利润的负向影响较大，产业生态化总体水平每提升1个百分点，企业的利润水平就会下降1.13个百分点；产业生态化发展的环境效率对企业利润的影响显著，产业生态化发展的环境效率提升1个百分点，企业的利润就会下降0.949个百分点；产业生态化发展的资源效率对企业利润的影响不显著。这表明，一方面，新疆资源型产业生态化发展目前依然主要依靠企业末端治理的投入，这就增加了资源型产业微观企业的经营成本，对企业的利润产生不利影响；另一方面，资源型产业尚未形成产业生态化发展的循环共生体系，产业生态化技术创新水平较低，还不能弥补企业在产业生态化方面的投资，资源的利用效率仍然处在较低的层次上，还未形成依靠资源循环利用来提升企业利润驱动企业积极实施产业生态化发展的有效机制。

从影响资源型产业微观企业的其他因素来看，价格水平是促进企业利润水平提升的主要因素，这表明高价格能够增加企业的利润。尤其是在资源型产业非完全竞争的条件下，企业掌握了较强的定价权，资源型产业工业品出厂价格的提升能够有效地提升利润水平。资本投资强度、国有企业产值比重和企业规模虽然显示出对企业利润正向的促进作用，与理论预期一致，但是影响却不显著，这表明投资以及企业规模在推动企业盈利能力提升方面的作用仍然较弱，同时技术研发投资对企业的盈利水平的影响不显著且有时呈现负向影响，这在一定程度上表明企业的发展对资源的依赖性较强，企业发展还未走出传统粗放型利用资源的发展模式。

5.2 新疆资源型产业生态化发展社会绩效测度

社会效益是社会主体在活动中的行为目标①，产业生态化发展社会绩效评价是考察产业生态化发展这一产业发展模式对这一目标的贡献程度，并探讨如何才能最大限度实现这一目标。衡量社会效益的主要指标有相对福利和绝对福利，人们更加关注相对福利。学者们通常从就业、人均收入水平增长、就业结构变化和生态环境改善等角度衡量社会主体活动的社会绩效。资源型产业生态化发展社会绩效的评价更加强调从社会发展角度进行考察，同时生态环境改善内生于产业生态化发展过程之中，因此本书在对新疆资源型产业生态化发展社会绩效进行评价

① 杨文进：《投资经济学》，中国财经经济出版社2004年版。

时重点考察资源型产业生态化发展对于社会就业和税收水平的影响，选取资源型产业发展的企业亏损率、利税水平和从业人数来衡量资源型产业发展的社会效益。其具体测算过程为，首先利用熵值法测算资源型产业发展的社会效益，其次在前文测算的资源型产业生态化发展水平、资源效率和环境效率的基础上，运用新疆7类资源型产业2001～2012年的面板数据测算新疆资源型产业生态化发展的社会绩效。

5.2.1 资源型产业发展的社会效益

5.2.1.1 指标、数据与方法

新疆资源型产业发展的社会效益重点考察资源型产业发展的社会目标的实现程度，主要包括税收目标和就业目标。同时，遵循科学性、可比性和数据可得性原则，选取衡量新疆资源型产业发展社会效益的指标，包括企业单位亏损率、利税总额、从业人员年平均人数。以企业单位亏损率和利税总额衡量资源型产业的税收贡献能力和贡献水平，企业亏损率越低、利税总额越大该行业对于社会税收的贡献程度越高；以从业人员年平均数衡量资源型产业对就业的贡献程度，其数值越大则对就业的贡献程度越高。

5.2.1.2 新疆资源型产业发展的社会效益测算

首先，在7类资源型产业的基础上，运用熵值法确定各项社会效益指标权重，详见表5－7。其次，由于3项指标的原始数据量纲存在较大差异，本书运用极差化方法对原始数据进行标准化处理。最后，在标准化数据的基础上，运用熵值法测算7类资源型产业发展的社会效益，详见表5－8。

表5－7 新疆资源型产业社会效益评价指标

评价对象	评价指标	权重	指标属性
资源型产业社会效益	企业单位亏损率	0.089	－
	利税总额	0.764	+
	从业人员年平均数	0.147	+

表5－8 新疆资源型产业发展社会效益

年份	煤炭开采和洗选业	石油和天然气开采业	石油加工、炼焦及核燃料加工业	化学原料和化学制品制造业	化学纤维制造业	橡胶及塑料制品业	电力、热力生产供应业
2001	16.752	21.957	12.367	12.480	5.063	10.808	13.119
2002	15.901	21.643	13.870	12.502	9.303	10.846	11.501

续表

年份	煤炭开采和洗选业	石油和天然气开采业	石油加工、炼焦及核燃料加工业	化学原料和化学制品制造业	化学纤维制造业	橡胶及塑料制品业	电力、热力生产供应业
2003	14.766	17.266	13.635	13.235	9.308	11.507	11.338
2004	13.769	39.394	14.707	13.448	10.284	11.502	12.321
2005	13.049	57.973	11.072	13.794	10.458	13.165	13.283
2006	15.662	76.046	11.245	13.373	13.097	12.239	13.113
2007	16.655	79.145	14.630	15.486	11.260	12.110	15.208
2008	17.771	95.739	8.905	17.115	4.521	11.118	16.320
2009	17.847	53.010	28.639	16.803	13.463	12.064	17.150
2010	18.969	73.731	34.611	20.620	13.165	12.944	18.430
2011	21.516	93.974	23.441	23.622	7.282	12.967	21.626
2012	22.177	84.544	28.365	24.444	8.041	13.402	20.709

资料来源：依据《新疆统计年鉴》（2002～2013）计算而得。

从表5－8可以看出，新疆资源型产业发展社会效益差别较大，且差距在不断扩大，2001年社会效益最大的石油和天然气开采业的效益指数为21.957，是最小的化学纤维制造业5.063的4.34倍；2012年社会效益最大的石油和天然气开采业效益指数为84.544，是最小的化学纤维制造业8.041的10.514倍。资源型产业社会效益总体趋于上升，其中2008年、2009年煤炭开采和洗选业及电力、热力生产和供应业社会效益一直保持增加，其他5类资源型产业社会效益在2008年、2009年均出现较大波动，且出现不同程度的下降，这主要是受国际金融危机的影响。石油和天然气加工业社会效益2001年以来一直处于较高水平，且增长较快，效益指数由2001年的21.957增加为2012年的84.544，增加了2.85倍。化学纤维制造业社会效益一直处于较低水平，2001年效益指数为5.063，2012年为8.041。社会效益增长速度由高到低依次为石油和天然气开采业，石油加工、炼焦及核燃料加工业，化学原料和化学制品制造业，化学纤维制造业，电力、热力生产和供应业，煤炭开采和洗选业，橡胶及塑料制品业，从2001～2012年分别增长了285.04%、129.36%、95.87%、58.82%、57.86%、32.38%和24%。

5.2.2 资源型产业生态化发展的社会绩效测度分析

产业生态化发展有两个层次，狭义上是指构建模仿自然生态系统的产业系统，广义上是指在理念与原则层面，追求更高的“资源使用效率”和实现产业与环境的和谐统一，建立一个能够促进和实现社会经济系统与自然生态系统之间，物质与能量和谐流动的产业体系，使所有产业都符合生态规律和经济规律的要求。产业生态化发展的直接表现是产业共生系统的形成、资源利用效率的增加和废弃物排放的减少。产业生态化发展对社会绩效的影响主要体现在以下几个方面：一是产业共生系统的形成能够有效拉动相关产业的发展，从而提升产业对就业的吸纳能力；二是资源利用效率的提升往往伴随技术创新水平的提高，促进产业的发展，从而增加产业的利税规模及从业规模；三是污染排放量的减少伴随产业投资的增加，从而增加产业对劳动力的吸纳能力。

5.2.2.1　模型构建

结合已有理论，本书拟使用综合简化面板数据模型分析新疆资源型产业生态化发展的社会绩效，具体模型如下：

$$\ln SE_{it} = \alpha_i + \beta \ln EC_{it} + \varepsilon_{it} \tag{5-7}$$

$$\ln SE_{it} = \alpha_i + \beta \ln EE_{it} + \varepsilon_{it} \tag{5-8}$$

$$\ln SE_{it} = \alpha_i + \beta \ln EF_{it} + \varepsilon_{it} \tag{5-9}$$

式中，SE_{it}代表第 i 类资源型产业第 t 年的社会效益，数据为本书运用熵值法计算结果；α_i 为截矩项；β 为待估参数，也是产业生态化发展对社会效益影响的弹性系数；EC_{it}代表第 i 类资源型产业第 t 年的产业生态化发展水平，EE_{it}代表第 i 类资源型产业第 t 年的产业生态化发展资源效率，EF_{it}代表第 i 类资源型产业第 t 年的产业生态化发展环境效率，产业生态化发展水平、产业生态化发展资源效率、产业生态化发展环境效率数据均是前文运用熵值法计算结果。

本书在分析过程中采用同时包括截面数据和时间序列数据的面板数据（Panel Data），原因主要有以下两点：一方面产业生态化与社会效益之间不仅具有时间维度特征，同时具有截面特征，即不同类型资源型产业在不同阶段的产业生态化对社会效益的影响会存在一定的差异；另一方面面板数据模型能够较好地控制不同类型资源型产业之间的异质性，包括较多数据点，给出更多的信息，减少解释变量之间的多重共线性，增加自由度，提高参数估计的有效性。

5.2.2.2　面板数据单位根检验

为避免非平稳时间序列的不平稳造成的“伪回归”问题，首先进行面板单位根检验，检验数据的平稳性。本书拟给出 LLC 检验、IPS 检验、Fisher - ADF 检验、Fisher - PP 检验和 Hadri 检验 5 种常用的检验形式，分别对 lnSE、lnEC、lnEE 和 lnEF 四个变量进行单位根检验，结果如表 5 - 9。

表5-9 面板单位根检验

检验方法	lnSE		lnEC		lnEE	lnEF
	水平检验	一阶差分	水平检验	一阶差分	水平检验	水平检验
LLC	-4.25 (0.00)	-7.50 (0.00)	-1.65 (0.05)	-6.86 (0.00)	-2.70 (0.00)	-3.24 (0.00)
IPS	-1.01 (0.16)	-4.95 (0.00)	-0.57 (0.28)	-5.19 (0.00)	-1.70 (0.04)	-1.57 (0.05)
Fisher-ADF	18.93 (0.17)	47.70 (0.00)	16.09 (0.31)	50.49 (0.00)	22.97 (0.06)	22.98 (0.06)
Fisher-PP	41.2 (0.00)	68.5 (0.00)	16.16 (0.30)	54.86 (0.00)	20.77 (0.11)	21.14 (0.09)
Hadri	6.01 (0.00)	0.79 (0.21)	3.96 (0.00)	-0.005 (0.50)	2.56 (0.01)	5.32 (0.00)
结论		I (1)		I (1)	I (0)	I (0)

注：括号内数据是对相应统计检验的收尾概率，即P值，该值是依靠渐进正态分布计算而得；检验形式带截距项，不带时间趋势项，滞后阶数的选取依据SCI信息准则确定。

从表5-9可以看出，对于原假设存在单位根的LLC检验、IPS检验、ADF-Fisher检验和Fisher-PP检验表明，lnSE存在一阶单整，趋于平稳；lnEC存在一阶单整，趋于平稳；lnEE和lnEF均是平稳时间序列。对于原假设不存在单位根的Hadri检验，四个变量均存在单位根。基于以上五种检验的检验结果，我们可以基本判断lnSE和lnEC存在一阶单整，但趋于平稳；lnEE和lnEF是平稳时间序列。因此，在对模型进行估计的时候要注意消除序列相关性的影响。

5.2.2.3 面板数据模型的实证检验

为确保面板数据模型估计的有效性，本书采用混合最小二乘法（POLS）与广义差分矩估计（GMM）相结合的方法对模型（5-7）、模型（5-8）、模型（5-9）进行估计，对估计量进行对比分析。考虑截面数据的异方差性及序列相关性，采用混合最小二乘法过程中进行了加权处理（Cross-section Weight），并引入随机扰动项一阶（AR（1））自回归过程。同时，对广义差分矩估计进行一阶差分残差序列相关检验，采用Sargan检验对面板数据模型进行过度识别检验。模型回归结果详见表5-10。

表 5－10 面板模型的估计结果

自变量	模型（5－7）			模型（5－8）			模型（5－9）		
	POLS－FE	POLS－RE	GMM	POLS－FE	POLS－RE	GMM	POLS－FE	POLS－RE	GMM
α_i	3.04*** (12.20)	2.06*** (5.85)	0.58 (1.60)	2.80*** (10.33)	1.82** (2.59)	0.69 (0.88)	2.64*** (34.97)	2.58*** (11.98)	1.70*** (6.12)
lnEC	0.02 (0.26)	0.31** (0.01)	0.44*** (3.07)	—	—	—	—	—	—
lnEE	—	—	—	0.07 (1.38)	0.24 (1.50)	0.15 (0.85)	—	—	—
lnEF	—	—	—	—	—	—	0.21*** (4.24)	0.20*** (3.67)	0.29*** (4.12)
AR（1）	0.82*** (9.98)	—	—	0.82*** (10.17)	—	—	0.61*** (6.81)	—	—
AdR^2	0.85	0.08	—	0.85	0.02	—	0.84	0.13	—
F 值	52.87	7.76	—	55.58	2.28	—	51.84	13.56	—
D.W 值	2.25	0.78	—	2.25	0.73	—	2.03	0.87	—
H 值	—	0.32	—	—	0.01	—	—	0.33	—
Sargan	—	—	55.3	—	—	57.71	—	—	52.04

第6章　新疆资源型产业生态化发展影响因素分析

产业生态化是产业发展的高级形式，是一个系统化的概念，资源的高效利用与污染排放量的减少是其重要特征。产业生态化发展受到经济发展、技术创新、政策体制、法规制度等产业发展内在和外在因素的影响，而且这些因素互为联系，共同作用于新疆产业生态化发展过程之中。

6.1　不同层次新疆资源型产业生态化发展影响因素定性分析

参照产业生态系统的纵向和横向结构的观点，新疆资源型产业生态化发展影响因素可以分为三个不同层次，即节点层、网络层和外围层。

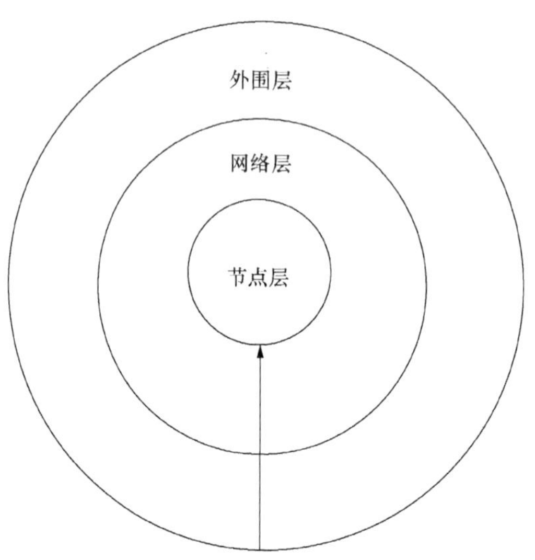

图6－1　新疆资源型产业生态化发展影响因素分层结构

6.1.1 节点层影响因素

企业是产业生态化发展的微观主体，也是产业生态化发展的具体实施者，不同的资源型企业构成产业生态系统的微观节点。这个层次的资源型产业生态化发展影响因素主要体现在企业是否实施清洁生产，具体包括技术创新与末端治理。第一，资源的隐蔽性特征决定企业必须通过组织学习与技术创新才能更好地利用企业自身或者其他企业的隐蔽性资源[①]，尤其对于资本和技术密集型的资源型产业，企业之间的合作关系的形成往往以技术创新为主导。第二，资源型企业的清洁生产，比如大型燃煤电厂烟气脱硫等都需要企业进行技术创新。第三，资源型产业废弃物的循环利用具有一定的成本，尤其新疆不同类型资源型产业相距较远，废物利用成本较高，技术创新过程中产品附加值的提升能够弥补资源型产业生态化发展成本的增加，同时通过技术创新也能够降低产业废弃物的利用成本，提升废物利用的经济效益，只有这样才能形成稳定的产业共生系统。第四，产业生态化过程中资源利用效率的提升，需要资源型产业向高附加值环节延伸，这需要技术创新作为支撑。第五，产业生态化发展离不开与资源型产业相适应的信息技术、污染监控评价技术的支撑，该类型技术创新能够降低产业生态化发展的交易成本，同时为产业生态化发展提供有效的评价标准。

6.1.2 网络层影响因素

产业生态化的基础就是根据一定区域内的资源优势、产业结构和产业优势，对产业进行链接和补充，使之形成相互关联和互动的产业原料循环利用生态网络。资源型产业生态化发展的核心在于产业原料循环利用生态网络的稳定性，正是由于不同类型的资源型企业以产业生态网络为依托进行管理创新和技术创新，才会有产业物质和能量高效利用的实现及污染排放量的减少。这个层次的影响因素体现在产业共生发展基础设施的保障能力、咨询和服务机构的完善、金融保险的服务能力以及资源型产业结构的优化程度。产业集聚水平以及资源型产业结构状况是该层次的重要影响因素，以经济发展为基础的产业集聚为产业生态化发展创造有利条件[②]。产业集聚水平的提升一方面能够有效降低不同类型资源型产业之间废物以及信息流通的交换成本，为不同类型资源型产业共生创造有利条件；另一方面产业的集聚能够带动资源型产业相关咨询服务业的发展，降低产业废物

① Forrest J. E. , Martin J. C, "Strategic Alliance Large and Small Research Intensive Organization: Experiences in the Biotechnology Industry", R&D Management, 1992, 22 (1): 41 - 51.

② 刘科伟:《以非农化和城镇化推动西部生态环境治理——西部生态环境治理新模式探讨》,《人文杂志》, 2001 年第 4 期, 第 155 - 157 页。

循环利用的交易成本，提升企业循环利用废物的经济利益。产业结构优化直接作用于资源型产业的网络化发展，能够对协调经济发展和环境约束之间的矛盾产生积极的影响。产业结构的优化一方面推动资源型产业链向高附加值环节延伸，从而提升资源的利用效率；另一方面促进资源型产业生态化发展相关服务业的发展，从而为不同类型资源型产业横向耦合共生创造产业基础。

6.1.3 外围层影响因素

外围层影响因素主要指新疆资源型产业生态化发展的政策和经济大环境，这些因素是不可控的，对产业生态化发展起着重要的作用。经济发展是产业生态化发展的基础。政策体制是影响经济运行的重要力量，直接作用于资源型产业生态化发展的方向。一方面产业发展过程中的环境问题属于“市场失灵”的领域，政府有必要对其进行宏观调控和政策激励。在产业生态化发展的初期，由于资源型企业出现的外部性、生态化发展的较高交易成本等问题的存在，以资源型产业发展的经济和环境效益相统一为目标的市场调节机制难免会出现低效的非理想运行状态。目前，产业发展的环境政策设计包括强制措施、经济措施、协调和信息措施，具体实施过程中排污费征收较为普遍，促使企业加强内部清洁生产技术创新、末端治理的投入力度以及政府对于资源型产业生态化发展的一些财政支持。另一方面从产业生态的产生和发展的实践来看，在成熟的市场经济条件下，政府是产业生态的推动者，企业是产业生态的主体。政府的政绩考核体制决定了政府的产业生态的制度供给，直接决定着产业生态化发展的政策环境。市场体制决定了企业参与产业生态化的市场竞争的外在压力，直接影响着企业进行产业生态化发展的投资强度。此外，完善的法规制度能够为产业活动提供一个稳定的预期，促使企业采取促进产业生态化发展的一系列措施。首先，严格地针对企业过度消耗能源资源及环境污染排放的惩罚性法律法规，能够提高企业消耗能源资源和环境污染的成本，促使企业的生产活动向提升资源效率和环境效率的方向转变。其次，资源型企业的清洁生产、产业共生、废物循环利用等奖励性的法规制度有利于降低企业采取生态化发展的成本，提升产业生态化发展的经济效益，促使产业生态化发展趋于稳定。

上述产业生态化发展三个层次的影响因素的作用呈现由外向内的传递关系。新疆经济和政策大环境的优化直接作用于网络层资源型产业结构的优化及产业生态化发展相关服务业的发展。而网络层影响因素的优劣决定着节点层资源型企业参与产业生态化的积极性和持续性。同时，资源型产业生态化发展影响因素又存在由内而外的依赖关系，只有内部层次因素发挥作用，外部层次的影响因素才能起到促进产业生态化发展的正向作用。

6.2　新疆资源型产业生态化发展影响因素的实证检验

6.2.1　指标的选取

本书从三个层次构建新疆资源型产业生态化发展影响因素的指标体系，节点层影响因子采用清洁生产和末端治理，分别采用资源型产业研发经费占资源型产业产值比重及工业污染治理投资占工业总产值比重来表征；网络层影响因子采用产业共生和产业结构，运用资源型产业集聚水平和资源加工业产值比重两个指标来表征；外围层影响因子采用经济发展、市场制度和政策支持，分别用人均国内生产总值、国有及国有控股企业产值比重以及节能环保财政投入来表征。

表6－1　产业生态化发展水平影响因素指标

因素层次	影响因子	指标名称	指标单位	预期影响
节点层	清洁生产	研发经费占资源型产业产值比重	%	正向
	末端治理	工业污染治理投资占工业总产值比重	%	正向
网络层	产业共生	资源型产业集聚水平	%	正向
	产业结构	资源型加工业产值比重	%	正向
外围层	经济发展	人均国内生产总值	元/人	正向
	市场制度	国有及国有控股企业产值比重	%	负向
	政策支持	节能环保财政投入	万元	正向

主要指标说明如下：

6.2.1.1　节点层指标说明

该层次的研发经费占资源型产业产值比重指标，反映了资源型企业科技创新的投入强度，科技创新直接决定了企业的清洁生产水平①，科技创新水平越高，企业的清洁生产水平以及工业固体废物的利用能力就会越高，相应的资源效率和环境效率也就会越高，因此该指标的影响预期为正向的。工业污染治理投资占工

① 付丽娜、陈晓红：《基于超效率DEA模型的城市群生态效率研究——以长株潭“3＋5”城市群为例》，《中国人口·资源与环境》，2013年第4期，第169－175页。

业总产值比重反映资源型企业工业废弃物排放的治理强度，工业污染治理投资强度直接决定了企业实施产业生态化发展的末端治理水平，工业污染治理投资强度越大，相应的资源型企业的末端治理水平就会越高，相应产业生态化发展的环境效率就会越高，因此该指标的预期影响为正向的。

6.2.1.2 网络层指标说明

该层次的资源型产业合理集聚能够带动资源型产业生态化发展中中介服务业的发展，直接影响着不同类型资源型产业的资源整合水平。同时，产业的合理集聚，尤其是产业集聚的园区化发展，能够在一定程度上推动产业生态化发展基础设施的完善，直接决定着不同类型资源型产业之间资源的循环利用成本。因此，产业集聚水平影响着资源型产业的横向产业体系的完善。产业集聚水平越高，资源型产业体系就会越完善，不同类型资源型产业之间的资源循环利用成本就会越低，因此该指标的预期影响为正向的。此外，鉴于数据的可得性，在进行实证检验的过程中，本书参考付丽娜、陈晓红（2013）的做法，将城镇化水平引入模型，以此来表示产业集聚水平，主要是因为城镇化水平的提升一方面能够促进资源型产业的合理集聚，另一方面能够促进资源型产业生态化发展基础设施的完善[①]，涵盖了产业集聚指标的基本内涵。资源型加工业产值比重更能反映资源型产业结构优化趋势与程度，影响着资源型产业纵向的产业生态化网络体系的完善。资源加工业增加值比重的增加，能够进一步提升资源型产业发展的附加值，延长了资源型产业的物质能量流动链条，资源型产业的资源和环境效率就会提升，相应的产业生态化发展水平也就会提高，因此该指标的预期影响为正向的。

6.2.1.3 外围层指标说明

该层次的人均国内生产总值反映了地区人口差异基础上的经济发展情况，表征经济发展基础条件对资源型产业生态化发展水平的影响。产业生态化发展水平的提升需要以一定的经济发展水平为依托，经济发展水平的提升往往伴随着产业结构的优化、技术水平的提升以及制度的完善，经济发展水平越高，相应的资源效率和环境效率就会越高，因此该指标的预期影响为正向的。国有及国有控股企业产值比重反映资源型产业发展的市场化程度，影响着产业生态化发展行为的决策。国有及国有控股企业产值比重的降低意味着更多的民间资本进入资源型产业，民间资本相对于国有资本对于初级资源的控制能力就会较弱，此外，在自治区“积极介入中游和加快发展下游”的资源型产业发展政策的引导之下，民间资本会积极地通过延长产业链和相应的技术创新来提高获利能力，这对于资源型产业循环产业链的完善具有重要的推动作用，因此国有及国有控股企业产值比重

① 付丽娜、陈晓红：《基于超效率 DEA 模型的城市群生态效率研究——以长株潭“3 + 5”城市群为例》，《中国人口·资源与环境》，2013 年第 4 期，第 169 – 175 页。

对于资源型产业生态化发展的影响预期为负向的。节能环保财政投入反映了政府对于资源型产业生态化发展的支持力度。在资源型产业生态化发展的初期，清洁生产和资源循环利用技术的创新会在一定程度上增加企业的成本，需要政府相应的财政支持，财政支持力度越大，资源型企业实施产业生态化发展的积极性就会越高，因此节能环保财政投入指标的影响预期为正向的。

6.2.2 模型与数据

6.2.2.1　模型构建

在借鉴国内外相关研究的基础上，本书运用简化的计量模型反映新疆资源型产业生态化发展与3个层次影响因素之间的关系。基本计量模型的表达如下：

$$\ln EC = \alpha + \beta_1 \ln PG + \beta_2 \ln JZ + \beta_3 \ln IS + \beta_4 \ln RD + \beta_5 \ln IF + \beta_6 \ln NG + \beta_7 \ln CZ + \varepsilon \quad (6-1)$$

$$\ln EE = \alpha + \beta_1 \ln PG + \beta_2 \ln JZ + \beta_3 \ln IS + \beta_4 \ln RD + \beta_5 \ln IF + \beta_6 \ln NG + \beta_7 \ln CZ + \varepsilon \quad (6-2)$$

$$\ln EF = \alpha + \beta_1 \ln PG + \beta_2 \ln JZ + \beta_3 \ln IS + \beta_4 \ln RD + \beta_5 \ln IF + \beta_6 \ln NG + \beta_7 \ln CZ + \varepsilon \quad (6-3)$$

式中，$\ln EC$、$\ln EE$ 和 $\ln EF$ 分别代表新疆资源型产业生态化发展水平、生态化发展资源效率和生态化发展环境效率的对数；$\ln PG$、$\ln JZ$、$\ln IS$、$\ln RD$、$\ln IF$、$\ln NG$ 和 $\ln CZ$ 分别表示新疆人均国内生产总值、资源型产业集聚水平、资源加工业产值比重、资源型产业研发经费占资源型产业产值比重、工业污染治理投资占工业总产值比重、资源型产业国有及国有控股企业产值比重和节能环保财政投入的对数；α、β_1、β_2、β_3、β_4、β_5、β_6、β_7 为待估参数，ε 为残差项。

6.2.2.2　数据来源与处理

本书选取新疆资源型产业生态化发展相关指标2001～2012年的数据，数据来源于《新疆统计年鉴》（2002～2013）。此外，资源型产业研发经费占资源型产业产值比重数据是由各种类型资源型产业研发经费总和除以资源型产业产值之和计算而得；工业污染治理投资占工业总产值比重以及节能环保财政投入运用的是新疆工业发展总体数据，这主要是因为本书所界定的资源型产业工业废水、废气和固体废物排放量占新疆工业总体工业“三废”排放量的比重分别是70%、90%和70%；采用新疆2001～2012年（以1978年为基期）的居民消费价格指数对人均国内生产总值进行平减。由于节能环保财政资金投入从2006年起才正式纳入财政预算，因此节能环保财政投入数据中2006年起的数据来源于《新疆统计年鉴》(2007～2013)，2006年之前的数据根据《新疆统计年鉴》(2002～2006)的工业污染治理投资来源中政府资金的比重乘以环境污染治理投资总额计算而得。模型回归的过程中对原始数据进行了对数化处理，这主要是因为一方面可以在一定程度上消除时间序列的非平稳性，另一方面可以反映各影响因素与产业生态化发展之间的弹性关系。

6.2.2.3　影响因素的描述性分析

表 6－2　新疆资源型产业生态化发展影响因素

年份	研发经费比重（%）	工业污染治理投资比重（%）	产业集聚水平（%）	资源型加工业产值比重（%）	人均国内生产总值（元）	国有及国有控股产值比重（%）	节能环保财政投入（万元）
2001	0.319	0.30	33.75	52.53	1750.00	95.42	133343.5
2002	0.388	0.15	33.84	54.78	1875.17	87.62	147741.7
2003	0.248	0.20	34.39	49.48	2169.54	84.59	205535.6
2004	0.314	0.17	35.15	49.25	2438.06	95.71	230559.2
2005	0.264	0.19	37.15	47.44	2794.88	94.05	225584.1
2006	0.321	0.16	37.94	47.01	3157.89	64.22	178635
2007	0.267	0.17	39.15	48.62	3393.01	91.80	214918
2008	0.305	0.15	39.64	49.77	3659.33	90.73	304671
2009	0.395	0.30	39.85	60.19	3659.08	86.09	364226
2010	0.386	0.12	42.88	61.39	4407.39	86.05	510155
2011	0.341	0.33	43.54	60.64	4997.84	84.37	536700
2012	0.353	0.10	44	65.13	5407.36	86.40	641200

资料来源：《新疆统计年鉴》（2002～2013）。

新疆资源型产业生态化发展节点层、网络层和外围层各影响因素在 2001～2012 年的变化趋势存在一定的差异。节点层影响因素总体变化较小，资源型产业研发经费占资源型产业产值比重基本处于 0.3%～0.4%，其中 2009 年达到最大值，为 0.395%；工业污染治理投资比重的波动性较大，呈现交替性的环比增加或者减少。网络层影响因素变化较为明显，总体呈现持续上升的趋势。外围层影响因素变化趋势较为稳定，经济发展水平稳步上升，资源型产业国有及国有控股产值比重趋于下降，政府环保财政资金投入总体呈现不断增加的趋势。

6.2.3　实证检验

6.2.3.1　时间序列数据的平稳性检验

采用 Eviews6.0 软件，运用 ADF 检验分别对新疆资源型产业生态化发展水平、产业生态化发展资源效率、产业生态化发展环境效率以及产业生态化发展各影响因素的时间序列数据进行平稳性检验。检验的过程中，如果ADF值大于临界值，则时间序列数据为非平稳的，反之则为平稳时间序列数据。检验结果详见表6-3。

表6-3 时间序列数据的单位根检验

变量	检验类型	ADF检验	临界值	判定结论
lnEC	(0, 0, 0)	1.768	-1.978**	非平稳
△lnEC	(0, 0, 0)	-2.182	-1.982**	平稳
lnEE	(C, T, 0)	-5.212	-3.933**	平稳
lnEF	(C, T, 0)	-1.568	-3.175**	非平稳
△lnEF	(C, T, 0)	-1.851	-3.213**	非平稳
△△lnEF	(C, T, 0)	-3.897	-3.260**	平稳
lnRD	(C, 0, 0)	-2.798	-3.175**	非平稳
△lnRD	(C, 0, 0)	-6.089	-3.213**	平稳
lnIF	(C, 0, 0)	-10.837	-3.175**	平稳
lnJZ	(C, 0, 0)	-0.062	-3.175**	非平稳
△lnJZ	(C, 0, 0)	-3.281	-3.259**	平稳
lnIS	(0, 0, 0)	0.885	-1.978**	非平稳
△lnIS	(0, 0, 0)	-2.674	-1.982**	平稳
lnPG	(C, 0, 0)	-0.484	-3.175**	非平稳
△lnPG	(C, 0, 0)	-3.375	-3.213**	平稳
lnNG	(C, 0, 1)	-3.698	-3.213**	平稳
lnCZ	(0, 0, 0)	2.73	-1.602*	非平稳
△lnCZ	(0, 0, 0)	-1.691	-1.601*	平稳

注：△、△△分别表示一阶、二阶差分；检验类型中C、T、N分别表示截矩项、时间趋势项和滞后期；**、*分别表示5%、10%的显著性水平。

由上表可知，产业生态化发展水平、资源型产业研发经费比重、产业集聚水平、资源型加工业产值比重、人均国内生产总值和节能环保财政投入6个变量是一阶单整。产业生态化发展的资源效率、工业污染治理投资比重、国有及国有控股企业产值比重3个变量是平稳时间序列。产业生态化发展的环境效率时间序列数据是2阶单整。这就要求在进行回归分析的过程中要首先消除非平稳时间序列所造成的可能存在的“伪回归”问题。

6.2.3.2 变量的相关性分析

新疆资源型产业生态化发展影响因素的变量较多，变量之间存在一定的相关性，因此在做回归检验之前本书对各变量进行相关性分析。

由表6-4可以看出，人均国内生产总值、产业集聚化水平之间存在较强的相关性，相关系数为0.989805；资源型产业研发经费投入比重与资源型加工业产值比重之间存在较强的相关性，相关系数为0.743195；节能环保财政投入与产业集聚、资源型加工业产值比重、人均国内生产总值之间存在较强的相关性，相关系数分别是0.921040、0.761330和0.920581。因此，在对模型进行回归的过程中要消除自变量之间存在的多重共线性问题。

表6-4 各解释变量的相关系数矩阵

	lnRD	lnIF	lnJZ	lnIS	lnPG	lnNG	lnCZ
lnRD	1.000000	-0.077499	0.342789	0.743195	0.285281	-0.154263	0.379962
lnIF	-0.077499	1.000000	-0.221057	-0.052447	-0.243842	0.129954	-0.210928
lnJZ	0.342789	-0.221057	1.000000	0.641182	0.989805	-0.188561	0.921040
lnIS	0.743195	-0.052447	0.641182	1.000000	0.582145	0.048647	0.761330
lnPG	0.285281	-0.243842	0.989805	0.582145	1.0000000	-0.222017	0.920581
lnNG	-0.154263	0.129954	-0.188561	0.048647	-0.222017	1.000000	-0.16298
lnCZ	0.379962	-0.210928	0.921040	0.761330	0.920581	-0.16298	1.000000

6.2.3.3 新疆资源型产业生态化发展影响因素的回归检验

本书采用逐步回归分析法对计量模型进行回归检验，即首先选择一个影响因素变量进行回归，再采用逐步回归法加入其他解释变量，最后通过F检验、T检验以及拟合优度检验，选择拟合效果最好的模型。之所以采用逐步回归分析法是因为各影响因素指标之间存在一定的相关性，需要消除模型回归过程中多重共线性的影响。此外，在回归检验的过程中，引入残差自回归项。

（1）产业生态化发展总体水平影响因素的回归检验。将产业生态化发展水平作为因变量，产业生态化发展各影响因素的指标作为自变量进行回归分析，即对式（6-1）进行回归检验。

表6－5 产业生态化发展总体水平影响因素回归检验

式（6－1）			
	（1）	（2）	（3）
α	1502.15 （0.004）	－2.735 （－1.031）	－8.46*** （－14.33）
lnPG	－3.392 （－1.273）	0.689* （2.159）	—
lnJZ	5.727 （1.685）	—	4.225*** （23.106）
lnIS	－2.428 （－1.377）	—	－0.899*** （－7.256）
lnRD	0.035 （0.130）	—	—
lnIF	0.012 （0.206）	—	0.07** （5.306）
lnNG	－0.167 （－0.632）	—	－0.129* （－2.502）
lnCZ	0.081 （0.330）	—	—
AR（1）	0.999*** （20.576）	0.697** （2.299）	1.043*** （7.722）
AR（2）	—	—	－1.045*** （－6.875）
AdR^2	0.885	0.888	0.984
F值	10.608	40.736	91.956
D.W值	1.275	1.348	2.476
LM（1）统计量	9.937	1.47	1.148

注：本表回归检验采取Eviews6.0软件计算而得；*、**、***分别表示10%、5%和1%的显著性水平，括号内为T值。

从式（6－1）的回归结果可以看出，模型整体的解释能力较强，调整后的可决系数达到0.885。各影响因素之间存在严重的多重共线性，在采用逐步回归分析法删除不显著变量，并将存在多重共线性的各变量分别作为自变量进行实证检验之后得出（2）、（3）两组估计结果。两组回归结果调整后的可决系数均较高，分别是0.888和0.984，F值较大，通过D.W值和LM（1）统计量可以断定各组回归结果不存在序列相关性，回归结果是有效的，其中网络层的产业集聚、资源型加工业产值比重、核心层的工业污染治理投资强度、外围层的国有及国有控股企业产值比重4个指标联合对产业生态化发展总体水平的解释能力较强。实证检验结果表明：首先，新疆资源型产业研发经费投入和节能环保财政资金投入对资源型产业生态化总体水平的影响还未显现。其次，新疆产业集聚水平提升、经济发展以及工业污染治理投资强度增加对资源型产业生态化发展水平提升具有显著的推动作用，相关系数分别是4.225、0.689、0.07，即产业集聚水平、经济发展和污染治理投资强度每提升1个百分点，资源型产业生态化发展水平就会提升4.225个、0.689个和0.07个百分点。最后，新疆资源型加工业产值比重和国有及国有控股企业产值比重的增加对资源型产业生态化发展具有负向影响，资源型加工业产值比重和国有及国有控股企业产值比重每增加1个百分点，产业生态化发展水平就会下降0.899个和0.129个百分点。

（2）产业生态化发展资源效率影响因素的回归检验。将产业生态化发展资源效率作为因变量，产业生态化发展各影响因素的指标作为自变量进行回归分析，即对式（6－2）进行回归检验。

表6－6　产业生态化发展资源效率影响因素的回归检验

	式（6－2）			
	（1）	（2）	（3）	（4）
α	3.445 （1.167）	4.548*** （10.326）	4.084*** （8.118）	5.058*** （8.734）
lnPG	－0.161 （－0.282）	0.088*** （6.508）	—	—
lnJZ	0.949 （0.485）	—	0.332*** （5.533）	—
lnIS	－0.198 （－0.503）	—	—	—
lnRD	－0.0005 （－0.002）	—	—	—
lnIF	0.02 （0.182）	—	—	—

续表

式（6-2）				
	(1)	(2)	(3)	(4)
lnNG	-0.217 (-1.257)	-0.268** (-2.466)	-0.239** (-2.696)	-0.344** (-2.852)
lnCZ	0.029 (0.229)	—	—	0.056*** (3.521)
AR（1）	-0.775 (-1.458)	-1.166* (-2.287)	-0.78** (-3.06)	-0.674** (-2.405)
AR（2）	—	-0.445 (-0.947)	—	—
AdR^2	0.341	0.631	0.723	0.497
F 值	1.649	4.844	9.705	4.291
D.W 值	2.852	2.455	2.41	1.968
LM（2）统计量	10.999	4.174	2.318	0.175

注：本表回归检验采取 Eviews6.0 软件计算而得；*、**、*** 分别表示 10%、5% 和 1% 的显著性水平，括号内为 T 值。

从式（6-2）的回归结果可以看出，采用逐步回归分析法将不显著的解释变量删除，同时将存在严重多重共线性的变量分开进行回归检验，得到表 6-6 中（2）、（3）、（4）三组回归结果。三组回归结果调整后的可决系数分别是 0.631、0.723 和 0.497，D.W 值分别是 2.455、2.41 和 1.968，LM（2）统计量分别是 4.174、2.318 和 0.175，回归结果不存在多重共线性和序列相关性，是有效的，其中网络层的产业集聚和外围层的国有及国有企业产值比重两个指标联合对资源型产业生态化发展的资源效率解释能力较强。实证检验表明：产业集聚水平提升、经济增长以及节能环保财政支出增加对资源型产业生态化发展的资源效率具有正向的推动作用，产业集聚水平、经济增长和节能环保财政投资每提高 1 个百分点，资源效率就会分别提升 0.332 个、0.088 个和 0.056 个百分点。国有及国有控股企业产值比重增加则对资源效率产生负面影响，国有及国有控股企业产值比重每上升 1 个百分点，资源效率就会下降约 0.23 个百分点。

（3）产业生态化发展环境效率影响因素的回归检验。将产业生态化发展环境效率作为因变量，产业生态化发展各影响因素的指标作为自变量进行回归分析，即对式（6-3）进行回归检验。

表 6-7　产业生态化发展环境效率影响因素的回归检验

式（6-3）			
	（1）	（2）	（3）
α	1502.15 (0.004)	-7.756*** (-7.439)	-17.244*** (-27.138)
lnPG	-3.392 (-1.273)	1.614*** (12.402)	—
lnJZ	5.727 (1.685)	—	7.359*** (34.422)
lnIS	-2.428 (-1.377)	-0.726** (-3.141)	-1.975*** (-10.494)
lnRD	0.035 (0.1301)	—	0.471*** (7.466)
lnIF	0.012 (0.206)	—	0.147*** (7.948)
lnNG	-0.167 (-0.632)	—	—
lnCZ	0.081 (0.33)	—	—
AR（1）	0.9997*** (20.576)	1.475*** (7.454)	0.936*** (8.941)
AR（2）	—	-1.12*** (-5.208)	-1.139*** (-9.356)
AdR^2	0.885	0.978	0.991
F 值	10.608	100.73	158.35
D. W 值	1.275	2.396	2.549
LM（2）统计量	9.737	1.276	2.759

注：本表回归检验采取 Eviews6.0 软件计算而得；*、**、*** 分别表示 10%、5% 和 1% 的显著性水平，括号内为 T 值。

从式（6-3）的回归结果可以看出，采用逐步回归分析法将不显著的解释变量删除，同时将存在严重多重共线性的变量分开进行回归检验，得到表 6-7 中（2）和（3）两组回归结果。两组回归结果调整后的可决系数分别是 0.978 和 0.991，D. W 值分别是 2.396 和 2.549，LM（2）统计量分别是 1.276 和 2.759，回归结果不存在多重共线性和序列相关性，其中核心层的研发经费投入、污染治理投资、网络层的产业集聚、资源型加工业产值比重 4 个指标联合对资源

型产业生态化发展的环境效率解释能力较强。实证检验表明：首先，新疆资源型产业集聚水平提升、经济发展、研发经费投入比重及工业污染治理投资比重能够有效地促进资源型产业生态化发展环境效率的提升，各变量提高 1 个百分点，相应的资源型产业生态化发展环境效率就会提升 7.359 个、1.614 个、0.471 个和 0.147 个百分点。其次，新疆资源型加工业产值比重的增加会降低产业生态化发展的环境效率，两组回归结果中资源型加工业产值比重增加 1 个百分点，产业生态化发展的环境效率分别下降 0.726 个和 1.975 个百分点。

综合式（6-1）、式（6-2）和式（6-3）的回归检验结果，本书构建的三个层次的产业生态化发展影响因素对新疆资源型产业生态化发展产生显著的影响作用。从新疆资源型产业生态化发展影响因素作用的大小来看，影响作用最大的是网络层的产业集聚水平，其次是外围层的经济发展，两者对产业生态化发展总体水平、资源效率和环境效率均产生显著的正向促进作用；然后影响因素的作用从大到小依次是资源型加工业产值比重、研发经费投入比重、国有及国有控股企业产值比重、污染治理投资比重和节能环保财政支出。资源型产业生态化发展总体水平的影响因素按照促进作用从大到小依次是产业集聚水平提升、经济发展和污染治理投资，制约因素是按照制约作用的大小依次是资源型加工业产值比重以及国有及国有控股企业产值比重增长；资源型产业生态化发展的资源效率的影响因素参照促进作用大小依次是产业集聚水平提升、经济发展和节能环保财政资金投入，制约因素是国有及国有控股企业产值比重增加；资源型产业生态化发展的环境效率的影响因素按照促进作用大小依次是产业集聚、经济发展、研发经费投入和污染治理投资，制约因素是资源型加工业产值比重的增加。因此，核心层的研发经费投入、污染治理投资强度、网络层的产业集聚以及外围层的经济发展和节能环保财政资金投入五个因素都在不同程度上促进了新疆资源型产业生态化发展，网络层的资源型加工业产值比重以及外围层的国有及国有控股企业产值比重的增加成为制约新疆资源型产业生态化发展的主要因素。

6.3 新疆资源型产业生态化发展不同层次影响因素综合分析

6.3.1 节点层是新疆资源型产业生态化发展的关键影响因素

节点层影响因素是新疆资源型产业生态化发展的关键因素。具体体现在以下几个方面：一方面，企业是资源型产业生态化发展的主体，外围层和网络层影响因素只有通过节点层才能更好地发挥作用；另一方面，节点层资源型产业研发经费投入比重和工业污染治理投资比重对资源型产业生态化发展影响是显著的，与理论假设完全一致，环境污染治理投资对产业生态化发展总体水平以及环境效率产生正向的推动作用，研发经费投入则只对环境效率产生正向的推动作用。节点层影响因素对资源型产业生态化发展资源效率的影响却不显著，其中研发经费投入对产业生态化发展总体水平的影响也不显著。这是因为，新疆资源型产业生态化发展的研发资金和污染治理投资更多地投向资源型产业的末端治理领域，有效降低了资源型产业发展过程中工业废弃物的排放量，也降低了对环境的影响。同时也可以看到，研发资金和污染治理投资对于资源的循环利用的投入水平却较低，阻碍了资源型产业生态化发展循环共生系统的形成，不能有效地拉动新疆资源型产业资源利用效率的提升。

6.3.2 网络层是新疆资源型产业生态化发展的重要影响因素

网络层影响因素对新疆资源型产业生态化发展影响作用显著，影响程度较大，是新疆资源型产业生态化发展的重要影响因素。产业集聚化水平提升对产业生态化发展的影响作用与理论假设一致，而资源型加工业产值比重的影响作用与理论假设相反，即产业集聚化发展对产业生态化发展呈现正向的促进作用，资源型加工业产值比重的增加呈现负向的影响，其中产业集聚水平提升对于资源型产业生态化发展总体水平、资源效率和环境效率均产生正向的促进作用，资源型加工业产值比重的增加降低了产业生态化发展总体水平和环境效率。这表明一方面产业集聚化过程中产业生态化发展基础设施、产业体系和市场制度的完善能够有效地推动资源型产业共生体系，有效推动形成资源型产业生态系统，提高产业生态化水平，提升资源型产业资源利用效率，降低资源型产业发展过程中工业废弃物的排放量，降低产业发展对生态环境造成的负面影响；另一方面资源型加工业发展方式仍然以粗放使用资源为主，还未能有效地提升新疆资源的使用效率，资源型加工业的发展增加了资源型产业发展对生态环境的破坏，这是制约新疆资源型产业生态化发展的重要影响因素。

6.3.3 外围层是新疆资源型产业生态化发展的基础影响因素

外围层影响因素决定着新疆资源型产业发展基础环境，实证检验结果表明，外围层经济发展、国有及国有企业产值比重以及节能环保财政投入对新疆资源型产业生态化发展影响是显著的，而且与前面的理论假设完全一致，即新疆经济发展、国有及国有控股企业产值比重的降低以及节能环保财政投入增加能够有效地

促进产业生态化发展，其中经济发展对资源型产业生态化发展总体水平、资源效率和环境效率的影响均是正向的，国有及国有控股企业产值比重降低能够有效地提升资源型产业生态化发展的总体水平和资源效率，节能环保资金投入对资源效率的影响是正向的。这说明，首先，经济发展能够为产业生态化发展奠定坚实的物质基础，创造良好的技术环境，它是产业生态化发展的重要前提；其次，新疆市场化程度的提升，国有企业产值比重的下降，民营企业的发展，都能够促进新疆资源型产业生态化发展的资源效率的提升，积极促进民营资本进入资源型产业领域，这有利于资源型产业循环共生系统的形成；最后，新疆节能环保财政资金的投入对于资源型产业生态化发展技术创新以及资源的循环利用产生重要的推动作用。

6.4　新疆资源型产业生态化发展路径反思

在资源型企业科技创新、污染治理投资、产业集聚、资源开发利用的市场化改革以及政府节能环保资金投入的驱使下，新疆以淘汰落后产能为基础，积极推进清洁生产为主的资源型产业生态化发展路径取得了一定的成效，有效地削弱了资源型产业发展对生态环境造成的破坏，一定程度上破解了新疆资源型产业发展的生态瓶颈约束，促进了新疆经济的可持续发展，带动了资源型产业发展社会效益的提升。具体表现在以下几方面：

（1）新疆资源型产业生态化发展能够有效推动新疆经济发展，经济绩效显著。主要原因包括以下几点：一是资源型产业落后产能的淘汰、小煤矿的关闭，有效降低了资源型产业发展过程中污染排放量，破除经济发展生态环境瓶颈的约束，一定程度上解决了经济增长与生态环境破坏之间的矛盾，从而实现经济的可持续发展。二是在清洁生产的资源型产业生态化发展思路的主导下，政府加大了对企业清洁生产改造的资金支持力度，并对企业清洁生产进行严格的监督，从而提升企业对于清洁生产的投资，带动了新疆资源型产业清洁生产相关产业的发展，从而推动新疆经济的发展。三是在政府对清洁生产有效监督之下，资源型企业为在降低环境污染物排放的同时提升经济效益，积极探索工业废物的循环利用，从而推动经济的持续发展。四是以新疆城镇化发展为载体的产业合理集聚，促进产业生态系统以及产业生态化发展基础设施的完善，从而推动资源型产业生态系统资源利用效率以及环境污染的治理水平的提升，进而拉动新疆经济的增长。五是政府实施的资源型产业市场化改革以及对节能环保财政资金投入的增加，促进了资源型产业循环共生系统的完善，提高了资源型产业的资源效率，在一定程度上推动了经济增长。

（2）新疆资源型产业生态化发展能够实现资源型产业社会效益的提升，社会绩效显著。主要原因表现在以下几个方面：一是落后产能的淘汰、小煤矿的关闭，促进资源型产业的合理集中，实现资源型产业发展规模效应，从而提升资源型产业的利税水平与就业吸纳能力。二是清洁生产途径的实施带动了企业污染治理的投资，从而增强了产业发展对劳动力的吸纳能力。三是随着政府对于企业环境污染排放监督力度的加强，煤、石油、天然气及其加工企业积极延伸产业链，提升工业废物的再利用水平，从而提升了企业的盈利能力和就业吸纳能力。

此外，新疆资源型产业生态化发展路径还未有效地促进产业生态化发展资源效率的提升，资源型产业发展对资源的过度消耗还没有得到根本改变，资源效率还未成为实现资源型产业发展的社会效益和经济效益提升的推动力量，资源型加工业的粗放式发展仍然是制约资源型产业生态化发展的关键因素。主要原因体现在以下几个方面：一是以清洁生产为主导的产业生态化发展路径，增强了对资源型产业末端治理的投资力度，但是，还没有有效地促使企业积极通过技术创新来提升资源的使用效率，资源型产业循环共生技术创新水平较低。二是新疆资源型产业生态化发展路径还没有有效地推动产业共生系统形成，不同类型资源型产业的资源循环利用水平提升较慢。三是新疆资源型产业生态化发展路径还未实现转变资源型产业粗放式发展方式，尤其是资源型加工业的发展对产业生态化发展及其环境效率的提升造成负面的影响，严重阻碍了资源型产业发展的生态效益、经济效益和社会效益的提升。四是产业生态化发展路径还未有效促进资源型产业市场化程度的提升，民营资本能够参与的资源型产业领域依然有限，影响资源效率的社会效益和经济绩效提升。五是产业生态化发展增加了微观企业的经营成本，生态化技术创新对于企业利润水平的贡献还不足以弥补企业产业生态化发展成本的增加，产业生态化发展路径还没有形成基于资源型产业微观企业积极参与的内生性的产业生态化发展动力机制。

第 7 章　国内外资源型产业生态化发展路径比较与借鉴

世界各国积极将产业生态学的原理应用到产业发展的实践之中，并取得了良好的效果。纵观国内外产业生态化发展实践，美国杜邦模式的清洁生产、德国循环经济建设、丹麦卡伦堡工业生态园区建设以及国内山东资源型产业生态园建设等产业生态化发展路径为新疆资源型产业生态化发展路径的构建提供了宝贵的借鉴和有益启示。

7.1　国外资源型产业生态化发展路径

7.1.1　企业创新型美国杜邦模式的清洁生产

杜邦模式是企业层面清洁生产的产业生态化发展路径，它以生态经济效益为准则，在企业内部组织物料循环的产业生态化发展路径。通过促进物料在厂内不同工艺流程之间的循环利用，延长企业的生产价值链条，降低企业运作过程所产生的物质和能量的消耗量，竭力降低生产过程废弃物和有毒物质的排出量，提升可再生资源的利用率，增强产品的耐用性。20 世纪 80 年代，公司将工厂当成是实施产业生态化发展思路的实验室，开创性地、较好地将“无害化、减量化和资源化”的三原则与发展化学工业的“3R 制造法”相结合，该方法推动某些化学物质使用量的降低，避免有害化学物质的使用，创新本公司产品回收的新技术。此外，该公司还利用废塑料，比如废牛奶盒以及一次性的废塑料容器，创新性地生产出了耐用的乙烯材料维克等新产品。实施清洁生产直到 1994 年，杜邦化学公司的塑料废弃物减少了 25%，空气污染物的排放量降低了 70%。

7.1.2 政策驱动型德国鲁尔循环经济发展

鲁尔区（Ruhr）位于德国中西部，鲁尔河（River Ruhr）、埃姆舍河（River Emsher）、利帕河（River Lippe）三条莱茵河支流从南到北依次横穿该区。从德国的行政区划规定看，通常所说的鲁尔区是德国北莱茵—威斯特法伦（Nordrhein - Westfalen）州的一部分，而不是德国一个独立的行政区划。鲁尔区的地域界限通常是指鲁尔煤管区规划协会所管辖的地区。从地理意义上来讲，现在的鲁尔工业区是指“鲁尔区城市联盟”（Kommunal Verband Ruhrgebiet）所属北威州的11个直辖市和4个县区的所辖区域，整个区域东西长116千米，南北宽67千米，地域面积约4434平方千米，地区人口达540万人，鲁尔区是西欧继巴黎、伦敦之后第三大人口密集中心①。

鲁尔工业区是一个以煤炭开采为基础，包括钢铁和化工等多部门的综合性工业基地，位于从意大利北部一直延伸到英国的欧洲工业产业带的中东部地区。鲁尔工业区的工业发展历史悠久。该区域的煤田面积达6200平方千米，有652亿吨的煤炭地质储量，可供工业开采的储量有386亿吨，煤层较厚，矿区有好的开采条件，也有较多的煤炭品种。第一次世界大战之前，鲁尔工业区的煤炭产量已经达到1.14亿吨。第二次世界大战时期，鲁尔工业区是德国最重要的军火生产基地，盟军为此对该地区进行了猛烈的轰炸。第二次世界大战以后，在“马歇尔计划”的推动之下鲁尔工业区重新崛起，20世纪50~60年代，该地区成为德国经济迅速恢复继而经济高速增长的发动机。地区经济得到空前发展，被称为“欧洲工业的心脏”。作为德国和整个欧洲重要的煤钢产业基地，鲁尔工业区是欧洲最大的工业区。鲁尔工业区拥有工业城市12座，有矿井160多处和12000多家工厂，矿山的地下交通线总长6800千米。联邦德国总采掘量的80%出自鲁尔工业区的煤炭采掘业，同时生产出全国钢铁总量的1/3②。从20世纪50年代末开始，鲁尔工业区的发展受到科技革命和世界能源消费结构改变的影响，鲁尔工业区的结构性矛盾日趋显露，煤炭产业逐渐失去了传统的主导产业和基础产业地位，曾经主要的出口创汇产业变成了夕阳产业，石油、天然气和电力等新兴产业逐渐取代了煤炭在民用燃料和动力市场的地位。由于面临其他生产国家成本低廉的竞争压力，煤炭出口量也大幅下降，煤炭企业只得大量裁减矿工，并压缩产量和提高效率③。1950~1969年采煤矿井由160多个减少为60个，煤矿职工人数

① 陈涛：《德国鲁尔工业区衰退与转型研究》，吉林大学博士学位论文，2009年。

② 郭凤典、朱鸣：《德国鲁尔工业区整治经验及启示》，《理论月刊》，2004年第7期，第98-100页。

③ 焦华富、韩世君、路建涛：《德国鲁尔区工矿城市经济结构的转变》，《经济地理》，1997年第2期，第104-107页。

也由120万降到了50万。地区主导产业衰落，经济增长速度下降，城市失业率上升，生活水平下降，人口出现大量外流，环境污染日益加剧等问题凸显[①]，德国政府通过多种方式实施鲁尔工业区煤炭产业循环经济发展战略，经过10多年的努力，完成了对传统产业的改造和升级，环境得到了有效的改善，地区繁荣得以再现，实现了地区的可持续发展。德国鲁尔区的成功转型是世界资源型产业生态化发展的典型代表[②]。

7.1.2.1 科学规划，完善相关法律法规

1966年鲁尔开发协会编制了第一个鲁尔工业区的发展规划，3年之后对该总体规划进行了进一步的修改和完善，并最终通过法律的形式将这一规划对外进行公布，这是联邦德国第一个在法律上正式实施的区域整体规划。规划针对鲁尔工业区发展过程中，由于缺乏对土地利用、城镇布局和环境保护等方面的整体规划而造成的地区环境质量不断恶化问题，以及城市的地形、地貌、植被和大气环境受到矿区开发影响而发生比较严重的破坏等问题，提出以改造传统的煤钢产业、发展新兴工业、消除环境污染、改善经济结构和拓展交通运输等为重点内容的区域综合整治规划。法律法规层次分明是该规划的一个显著特点，联邦政府构筑了整个规划的总体框架，并最终以立法的形式进行确定，各州、市的规划也包含在联邦的整体规划框架内，同样通过立法形式给予确定，从而构成了自上而下的合理的法律结构。在鲁尔工业区煤炭产业循环经济发展过程中，政府一直致力于创造良好的法律环境，陆续制定和实施了《联邦区域整治法》、《煤矿改造法》、《投资补贴法》、《环保基本法》、《废弃物法》、《循环经济法》等多部相关法律法规，这些法律法规的制定和实施将煤炭产业循环经济的发展纳入法制轨道，既保障了市场机制发挥作用，同时弥补了市场失灵的缺陷，有效地保障了鲁尔区煤炭资源型产业循环经济发展。规范的法律形式从客观上保证了煤炭产业循环经济的发展。此外，为有效控制资金投向，以达到产业调整的预期效果，德国政府还制订了《煤矿改造法》和《投资援助法》，使对煤炭等能源产业的投资力度得以加大，有效地促进鲁尔工业区的传统产业改造和升级。为了治理环境污染，联邦德国环保立法的力度进一步加大，制定和修改的《环保基本法》明确列为国策，同时有关治理和防止污染等一系列具体法律和法规出台。1972年，联邦德国制定了《废弃物处理法》，主要强调的是对废弃物排放以后的末端处理。1986年制定了《限制废弃物处理法》，重点强调的是怎样避免废弃物的产生，提高了最初仅仅对废弃物处理的观点。1996年10月，德国的《循环经济法》正式生效，

① 郑秋生：《德国鲁尔区煤炭基地的成功改造对山西煤炭资源型城市可持续发展的借鉴意义》，《生产力研究》，2005年第4期，第166－168页。

② 北京现代循环经济研究院：《产业循环经济》，冶金工业出版社2007年版。

《循环经济法》明确规定，生产中首先要避免产生废物，或者对材料或能源必须进行充分的利用，只有在以上两者都难以实现的情况下，才可以根据环境的承载能力对废物进行清除。《循环经济法》进一步明确了鲁尔工业区煤炭产业循环经济发展的方向和内容。

7.1.2.2 推动煤炭资源型产业的共生化与集约化拓展

通过煤炭资源型产业的共生化与集约化发展，高效合理地利用煤炭资源，实现煤炭资源型产业环境效益和经济效益的统一。从20世纪60年代开始，在国家的大力资助下，鲁尔工业区积极对煤炭企业实行集中化和合理化的改造。通过采取合并、改建、合约和转让等多种形式，从企业与企业之间以及企业内部两个方面对煤炭等厂矿企业进行改造。在1966~1976年，政府专项用于资助鲁尔工业区煤矿的集中改造和煤炭资源整合的拨款达到150亿马克，同时制定相应的政策保护煤炭产业的发展。1969年，鲁尔工业区以26家煤炭公司为基础，联合成立鲁尔煤炭公司，并收购了一些私人煤矿公司的股份，联合公司统一规划了整个鲁尔工业区的煤炭资源，对生产能力进行重新布局，盈利多的和机械化程度高的大矿井集中采煤，对低效矿井进行关闭，最终将整个矿区的煤炭生产集中到7个大煤矿，全过程的机械化作业大幅度提高了采煤效率。鲁尔煤炭公司通过对煤炭企业的内外调整，企业内部和企业之间的专业化与协作化水平明显提高，国际采矿和面向全球的采矿技术服务得以拓展，采矿设备生产和国际煤炭贸易等业务也得以快速发展，同时也在化工、塑料、橡胶、培训服务等领域进行了良好的拓展①，显著提升了煤炭产业的集群化和集约化水平，为煤炭产业循环经济发展拓展了空间。

7.1.2.3 通过人文和生态环境建设，提升煤炭资源型产业发展质量

鲁尔工业区煤炭产业循环经济的发展，在推动产业资源的整合、产业链的延伸和拓展的基础上，加强该区域的人文和生态内涵建设：一方面加强人文环境的建设与发展，为煤炭资源型产业循环经济发展创造良好的人文环境和社会文化资源。同时，通过对埃姆歇河流域地环境污染整治以及自然生态恢复的投资力度的加大，建立健全完善的工业区内产业工人的社会保障制度以保障职工的基本生活质量，加强对重要的传统工业遗存的保护与综合利用，积极发展工业文化旅游业和新兴文化产业②。另一方面政府积极改善该地区的自然生态环境，为煤炭资源型产业循环经济发展创造良好的外部环境。人文和生态环境的改善显著促进了工业区煤炭资源型产业发展的质量的提升。

---

① 白建新：《煤炭工业走新型工业化道路的思考》，太原理工大学硕士学位论文，2004年。

② 克劳兹·R. 昆斯曼、刘健、王纺：《鲁尔传统工业区的蜕变之路》，《国际城市规划》，2009年第S1期，第301-304页。

7.1.2.4 推动技术创新和人才培养质量的提升

技术创新是推动产业循环经济发展的重要力量，人才是技术创新的基础。鲁尔工业区持续提升技术创新的意识，积极建立自己的研究机构，同时根据企业特点和市场需求的变化来制定自己的科研计划，使科研中心和生产中心紧密结合，以此来破解鲁尔工业区转型升级的困境。鲁尔煤炭公司下属的煤矿研究中心是全国最大的煤炭研究机构，拥有4个实验场和17个研究所，同时还有自己的计算机处理中心，科研人员总数达到1100多人。其开发研制的现代矿山竖井最新开采技术，即使在开采条件极端困难的情况下也能提高资源的回收率，并使生产成本降低，是处于世界领先地位的技术，该项技术在国际上得到普遍的应用。该煤炭研究中心研制的第二台煤制气实验设备的投产，大大提升了煤炭转换工艺，实现了煤炭产业的"煤炭加工—升值—再加工—再升值"的产业发展之路。该工艺将煤炭作为原料，将煤的气化作为龙头产业，生产出的合成气，一方面供燃气轮机联合循环发电使用；另一方面用于制取甲醇和醋酸等高附加值的化工产品，形成"煤焦化—煤气化—发电和化工"一体化的煤炭产业循环经济发展模式。同时，高等教育发展在鲁尔工业区也受到特别关注。从1961年起鲁尔工业区的大学在埃森、波鸿和多特蒙德等城市陆续建立。仅仅用了13年的时间，鲁尔工业区就从原本没有任何大学的地区转变成欧洲境内拥有大学最密集的地区。目前在鲁尔工业区里，已经有6所综合大学和5所高等学院以及4所私立的高等学校，全区共有162000名在校大学生。国际知名研究机构的研究所有13个，包括莱布尼兹研究所、马克斯—普朗克研究所和福奥恩霍夫研究所等，此外还有30个技术发展及创业中心，以及众多其他的技术研究所。受益于发达的教育科研体系，劳动力素质得以不断增强、科研能力显著提高，成为煤炭产业循环经济发展的关键性的作用因素①。

7.1.2.5 加强交通运输体系建设，为煤炭资源型产业提供基础设施支撑

鲁尔工业区新建企业及城市住宅呈现向远郊发展的趋势，工业区内的交通负荷不断加大，该区域边缘地区与核心地区交通脱节，为此，鲁尔区加大对交通运输网络的建设力度，并更新现代化的交通运输设备。在1968~1973年的交通规划中，鲁尔区煤管协会提出对现有的交通线路进行有计划的技术改造，在区内重点发展快车线。1969年，鲁尔区为解决铁路公路交叉引起的矛盾，而架起了高架铁道，发挥了很高的效能。1975年，区内两条重要的高速铁路竣工，采用的新型列车时速高达200千米。在该交通规划中，提出通过建设新的高速公路使区内任何地点都在与高速公路的距离不超过6千米的范围内。目前该区拥有近

① 宋奇悟：《昔日"工业引擎"再次启动——德国鲁尔区成功转型的启示》，《中国能源报》，2011年7月4日。

10000千米的铁路线，拥有超过150万吨的年货运量，四通八达的高速公路和8500千米的运输管道，依托拥有的74个内河港口和6条水运内航道，鲁尔区充分发挥本地区的水运优势，并且加强水陆联运的建设力度，同时推进南北向交通运输线路的建设，将区域内彼此分开的工业区和城市紧密地联系起来，进而建成比较完善的立体交通运输系统。基础设施建设力度的加大，有效地推动了鲁尔区煤炭循环经济的发展①。

7.1.3 市场主导型丹麦卡伦堡工业生态园区建设

丹麦卡伦堡生态工业园目前是世界上产业生态化实践的成功代表。单个企业内部的清洁生产和循环具有一定的局限性，原因是这样会造成部分废料和副产品不能被完全充分利用，因此需要物质和能量在不同类型的产业之间进行循环利用。生态工业园区就是通过遵循产业生态系统的基本原则，将不同类型的资源型产业连接成资源共享利用和副产品相互交换的产业共生系统，这样一家企业的废水、废气和固体废物就会变成其他企业的生产原料和能源。丹麦卡伦堡生态工业园区的产业类型多样，彼此之间通过物质能量流动建立良好的合作关系，园区内的企业包括发电站、炼油厂、石膏灰建材企业、炼油企业、卡伦堡市政府水与能源供应部以及胰岛素生产企业等，合作项目涉及水资源的循环利用、产业废物的循环利用以及能源资源的转化等。

园区内企业之间的合作最初只是为了降低企业的经营成本，获取更多的利润，并没有制定与园区内企业合作相配套的联合管理制度，只是遵照企业之间制定的协议展开合作，实施产业合作的企业类型也相对较少。随着生态工业园区的发展，加入合作网络的企业数量也不断增加。1975年时，卡伦堡工业生态园区只有3个项目。第一个项目是Tiss湖的输水管道。由于炼油厂需要大量的冷却水，而从Tiss湖引入未净化的水做冷却水费用相对便宜。因此，由炼油厂出资，卡伦堡市进行该管道铺设。该项目是政府和炼油厂之间相互协作而成的。第二个项目是将从炼油企业输送到石膏灰建材企业的过多的天然气用来做烘干石膏灰建材的燃料。第三个项目是将Tiss湖的水供应给发电站。到1985年，又发展了6个项目。胰岛素及工业酶厂产生的废弃物品如微生物体在1976年前被用来与废水混合，1976年后被用来作为替代无机肥的原料。第一次石油危机之后，丹麦发电站转而用煤作为能源，产生大量的飞灰用来生产水泥产品。电厂冷却水被引到渔场养鱼，导致渔场水温升高而年产100多吨的“电厂鲑鱼”。1981年卡伦堡市修建了双重管道通往发电站，一直利用其产生的循环热水来供暖。1982年工

① 冯春萍：《德国鲁尔工业区持续发展的成功经验》，《石油化工技术经济》，2003年第2期，第47－52页。

业生态园又增加了两个重要项目，即将发电厂产生的蒸汽供给胰岛素厂和炼油厂，并使发电企业、胰岛素企业、炼油企业和市政当局这四方合作进一步深入。市政当局促成了采暖管道和蒸汽管道的联合利用。1985年，这种类型的合作项目有21个，其中与水资源利用相关的项目9个，与能源资源有关的项目6个，与废弃物循环利用相关的项目6个。1986年之后，卡伦堡市的工业共生系统又增加了10个新的项目。1987年胰岛素企业也连通了Tiss湖的天然水供应，发电厂也利用了炼油企业的未被污染的只有几摄氏度的冷却水。胰岛素厂的部分微生物体由酵母组成，这些酵母废料价值很高，做猪饲料价值较高，并且利润很高。由于卡伦堡的环境法规很严格，所以炼油厂很有必要将排出的气体中的硫除去。对其采用接触反应处理方式产生的一种很纯的黄色硫热液可以用来生产硫酸，现在改换的另外一种处理方式可以用来生产硫代硫酸铵，可以用来作为农业废料。新的环境法规使炼油企业不得不建立废水处理厂，其处理后的水可被发电站用来清洗锅炉和去除灰烬。发电站利用氢氧化钙处理其排放的硫，进而形成石膏，可以作为石膏灰建材企业的原材料，并且可代替从西班牙进口的天然石膏。1995年，胰岛素厂将其已处理过的废水在市废水处理厂中进行后期处理，比扩建自身的处理厂要便宜很多。发电站也建立起一个20万立方米的人工湖来作为二级水的缓冲池。土壤改良公司通过微生物作用可消除土壤中的油污染，而且已经证实市政废水处理厂产生的软泥可以促进微生物的产生，该技术已经投入使用，并且该企业与市政当局签订了合作协议。

表7-1　卡伦堡工业共生体系的演进过程及其动因分析

年份	建立的链接	初始动因
1975	石膏板企业使用炼油企业排放的丁烷气	生产成本降低；管理者沟通
1976～1979	生物制药企业与1000多家农场达成合作协议	政府禁止将含有氮和磷的淤泥倒入海中
1979	发电厂的飞灰卖给波兰的一家水泥厂	用于收集飞灰的先进技术应用
1981～1982	发电厂将蒸汽送到居民区、炼油企业和生物制药企业供热	取代燃油炉，减少空气污染；缓解水资源不足
1989	发电厂免费将冷却用后的热海水送到渔场	充分利用热能
1993	发电厂1993年完成脱硫项目，将加工后的硫酸钙卖给石膏板厂	政府要求减少二氧化硫排放量

卡伦堡生态工业园区还成立了园区合作协会。该合作协会是由卡伦堡地区开发部主办，各合作方出资赞助而成的。合作协会是工业合作的信息中心，其职能就是搜集工业合作及工业生态的信息，同时也致力于开发新的产业共生项目，并且对外

提供咨询服务。协会成员由部分专职研究人员和来自各大公司的顾问组成。

卡伦堡工业共生的生态园区产业生态化发展路径取得了显著的经济效益和环境效益。所有项目总投资额7500万美元，年均利润超过1500万美元，总利润为16000万美元，平均投资回报期一般为5~6年，而且每年还在继续产生约1000万美元的经济效益。更重要的是解决了发展所带来的严重环境污染问题，随着合作的不断发展，企业及社会民众的环境意识在不断地增强。资源消耗减少，对空气、水和土壤的污染排放量减少。该产业共生网络可以处理大量的污水、能源和废物，同时储存了充足的资源，每年可节省地下水190万立方米，湖泊水100万立方米，石油两万吨，天然石膏20万吨。卡伦堡生态工业园区在经济利益和环保意识的驱动下还在持续地发展壮大之中，另外，不断调查论证一些新的项目，如从Tiss湖引水到石膏灰建材厂，用Tiss湖的水代替地下水，积极开发提取发电站煤燃烧后产生的飞灰中的钒和镍，建立一种联合系统以减少在空气压缩机方面的投资。

7.2 国内资源型产业生态化发展路径

7.2.1 企业创新型山东鲁北资源型产业生态园建设

1977年创办的无棣县硫酸厂是山东鲁北企业集团总公司发展的前身，成立之初只有8名员工，投资了40万元的经费，如今，山东鲁北企业集团已经发展成为世界上最大的硫酸、磷铵和水泥的联产企业，位居我国500家重点企业和全国化工企业的五强之一，目前集团拥有资产54亿元，子公司52家，拥有3200多名员工，集团经营的领域包括化工、轻工、建材等10余个行业，集团上市公司鲁北化工股份有限责任公司被评为我国最具发展潜力的50家上市公司之一。

7.2.1.1 鲁北生态工业园区形成思路

在面对资源型产业发展过程中出现的资源环境问题的时候，鲁北企业集团没有遵循产业结构调整的惯例，即将重点放在产业的产品上，而是将解决资源环境问题的重点放在产品的生产过程之中，竭力实现产业发展废弃物的资源化。最终，鲁北企业集团解决了技术瓶颈的约束，开拓性地首创了半水流程的工艺，拥有了盐、磷和天然石膏制硫酸，并同时联产水泥的工艺技术。技术的创新有效解决了磷复合肥发展污染环境的世界性的技术难题，形成“资源—产品—废弃物—资源—产品”的物质能量循环流动的产业生态化发展模式。在此基础上，公司又利用其附近的荒废盐碱滩，引进海水，先进行养殖，再依次提炼原盐、氯碱、溴素，最后将无污染的海水排回大海，并形成了第三条产业链，即盐、碱、电联产产业链。该生态工业园的各个产业链内部和产业链之间的共生关系达17个，包括5个互利共生关系和2个偏利共生关系。

7.2.1.2 鲁北生态工业园区的产业链

磷铵、硫酸和水泥联产。利用生产磷铵排放的磷石膏废渣制造硫酸并联产水泥，硫酸又返回用于生产磷铵。具体来说，磷矿经粉磨与硫酸反应得到磷酸，排出废渣磷石膏，磷酸与氨气进行中和反应制得磷铵，废渣磷石膏与焦炭、黏土等辅助材料配成生料，分解、煅烧并与锅炉炉渣粉磨生产水泥，二氧化硫窑气制硫酸，硫酸返回用于生产磷铵。

海水“一水多用”。海水首先用于养殖鱼、虾、蟹、贝等海产品，中度卤水提取溴素并生产溴系列产品，卤水结晶得到海盐并进行深加工，排出的苦卤提取硫酸钾、氯化镁等产品。具体来看，热电厂利用海水产业链中的海水替代淡水进行冷却，既利用了余热蒸发海水，又节约了淡水资源；磷铵、硫酸、水泥产业链中的液体二氧化硫用于海水产业链中的溴素企业提取溴，硫元素转化成盐石膏返回用于生产水泥和硫酸；热电厂的煤渣用作水泥的原料，热电生产的电和蒸汽用于各个产业链的生产过程；氯碱厂生产的氢气用于磷铵、硫酸、水泥产业链中的合成氨生产，钾盐产品用于复合肥生产。利用海水逐级蒸发、净化原理，在35公里的潮间带上，建成百万吨规模的现代化大型盐场，构建了“初级卤水养殖、中级卤水提溴、饱和卤水制盐、苦卤提取钾镁、盐田废渣盐石膏制硫酸联产水泥、海水送热电冷却、精制卤水送到氯碱装置制取烧碱”的海水“一水多用”产业链。

清洁发电与盐碱联产。热电厂以劣质煤和煤矸石为原料，采用循环硫化床燃烧、海水直流式冷却技术发展，电和蒸汽用于总公司生产，余热供生产、生活和温室生产蔬菜。排放的炉渣做水泥混合材料；离子膜烧碱工程利用百万吨盐场丰富的卤水资源和自备电力，不经传统的制盐、化盐工艺，直接通过管道把卤水输入到氯碱装置，进行氯碱产品的生产。

该生态工业园以工业废物为原料，成本低；将不同的产品依其内在的生产联系，科学地排列一整套新的工艺，减少了原料运输等过程，又大大节约了成本。与同类生产企业相比，其磷铵生产成本降低30%，水泥成本降低20%，硫酸成本降低50%。因此，鲁北生态工业园实现了生态效益、经济效益和社会效益的有机结合，是产业生态化发展路径成功的典型范例。

7.2.2 市场主导型大连经济开发区资源型产业副产品交换

大连经济技术开发区（以下简称大连开发区）是1984年经中华人民共和国

国务院批准兴建的第一批国家级经济技术开发区，经过30多年的开发建设，目前已经发展成为拥有近30余万人口，建成面积达48平方公里的国内大型经济开发区。到目前为止，园区内已经形成20多个行业、40多个产业，入驻企业1000多家，初步建立起八大支柱产业，即石油化工、电子及通信设备、电气机械、金属制品、机械设备、食品加工、服装纺织、医药代表，成为东北地区经济发展的先导区。

大连开发区同我国其他开发区的发展经历相似，随着经济水平和经济规模的扩大，经济发展所造成的环境问题也日益凸显，成为制约开发区可持续发展的重要瓶颈。面对这个问题，大连开发区改变过去单纯依靠末端治理的方法，积极鼓励在企业层面开展循环经济和清洁生产，通过建立副产品交换系统，促进废弃物的循环再利用，在实践中取得良好的经济效益。基于大连开发区在环境管理方面的成功经验，2004年大连开发区被批准为联合国环境署生态工业园示范园区和辽宁省实施循环经济战略的示范区。

大连开发区在资源循环和管理方面，按照突出重点、集中整治的原则，首先从排污大户着手进行处理。开发区热电厂、西太平洋石化、开发区供热等几家大型以煤、石油为基础的资源型企业的工业固体废物和危险废物产出量大约占到整个开发区排放量的90%以上，其中开发区热电厂是排放量最大的污染源企业，其废弃物95%以上是粉煤灰，具有很高的利用价值，但是一直未得到大规模开发利用，目前主要用来填海，不仅影响了附近海域的生态环境而且造成了极大的浪费。

大连开发区过去过分强调末端治理，而忽视了从源头控制废弃物的产生和排放的问题，因此，为了达到建立和完善工业共生系统、提高副产品利用效率的目标，开发区管委会依据产业生态学原理，与企业合作实施了6项生态工业项目，即特殊固体废物收集与循环利用项目、粉煤灰综合利用项目、城市生活垃圾综合处理项目、利用废纸制造包装用缓冲材料项目、木材—塑料复合材料加工项目；完善物资回收配套项目。在推进以上6个生态工业项目的基础上，为了进一步丰富园区内的工业共生系统，弥补现有空白，大连开发区引入了多家从事资源回收和循环利用的公司，最大的有三家，即东泰废弃物处理有限公司、恒通仓储回收公司和中储物流有限公司。其中，东泰公司是东北地区唯一一家首批获得国家环境保护总局颁发的《固体废物处理设施运营资质》的专业废弃物处理企业，各种废弃物的处理能力达到2000吨/年。此外，由于入驻大连开发区的外资企业居多，为了保证进口材料及包装物得到及时处理或返回生产企业，大连海关规定，进口原料和产品的包装物及相关废物均由恒通仓储回收公司和中储物流公司负责搜集、配送和处理。目前园区内主要企业生产副产品基本上都是这3家循环公司

进行了回收、分类和处理。

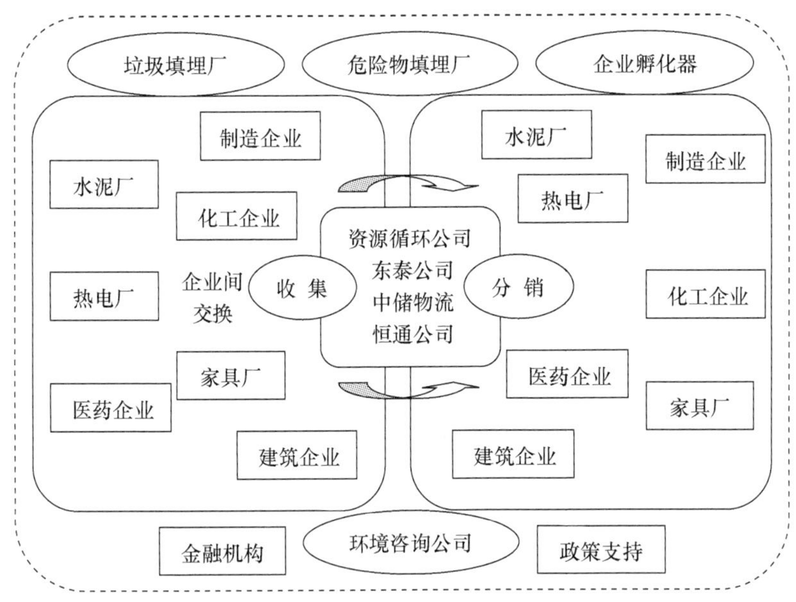

图 7－1 大连开发区副产品交换流程

经过近几年的发展，大连开发区的产业共生系统已经形成，园区副产品交换活动有条不紊地展开。企业产生的副产品优先考虑在本企业内循环利用，当自身无法回收利用时，一部分被其他生产企业用作生产材料，其他则由各循环公司进行回收、分类、整理和加工。

7.2.3 大同煤炭集团煤炭资源型产业共生发展

大同煤矿集团公司，简称“同煤集团”，是我国第三大煤矿国有企业，前身为 1949 年成立的大同矿务局，规模仅次于神华集团及中煤能源集团，公司总部设在煤炭大省山西省大同市。2003 年，依据现代企业制度，山西省委、省政府要求对山西省北部的煤炭生产和运销企业进行重组，新的大同煤矿集团有限责任公司成立。2005 年债转股实施后成为七家股东共同出资的大同煤矿集团有限责任公司。经过 50 多年的发展，大同煤矿集团有限责任公司总资产达到 750 亿元，拥有 139 个子公司、分公司和二级单位，全公司的职工总数达到 20 万人，公司所辖区域内的居民总人口接近 70 万人。公司拥有 6157 平方千米的煤田面积，拥有 892 亿吨的总储量，全公司现有 54 对矿井，分布在山西和内蒙古两省区境内南北跨度超过 600 千米、东西跨度超过 300 千米的区域内。现已形成以煤炭生产为主，电力、化工、冶金和机械制造等产业共同发展的特大型综合能源集团，正在建设的晋北煤炭基地，是国家规划的14个大型煤炭基地之一。

同煤集团建设与发展为国家经济发展做出了重要贡献，成立60多年来累计生产煤炭21亿吨，上缴利税累计超过300亿元，利税总额是国家投资的3.4倍。但是随着时间的推移，资源型企业所具有的种种问题，也相继在同煤集团表现出来。另外，企业受到资源和环境的制约作用日益明显，高投入、高消耗、高污染和低效益的粗放型增长方式导致资源的日趋枯竭和环境的不断恶化，严重威胁到企业的进一步发展①。因此，同煤集团如何按照科学发展观的要求，转变经济增长方式，实现可持续发展，成为公司需要认真解决和不容回避的重大问题。

近年来，同煤集团以资源利用效率提升为重点，积极转变发展方式，可持续发展能力不断增强，生态环境不断得到改善，走出了一条成功的产业生态化发展之路，为我国煤炭产业生态化发展提供了样本。目前，在已经成功建成塔山循环经济园区的基础上，同煤集团充分发挥集团优势，因地制宜地以建设晋北煤炭基地为契机，在更高层次和更大范围内促进煤炭资源型产业生态化发展，通过不断地延伸产业链，用最少的资源消耗实现煤炭资源开发和经济、企业与环境的和谐发展②。

7.2.3.1 提升科技创新能力，促进企业清洁生产

科技创新是企业清洁生产的重要基础。2000年起，同煤集团确立了产业结构调整和企业可持续发展的战略，积极同100多家大专院校、科研院所和生产厂家进行技术合作，先后建立了技术合作网络或战略联盟，投资于科技开发和技术改造的资金达到60亿元。截至目前，已经创造出11个全国采掘机械化技术方面的第一名；完成的700多项技术创新项目中，有30多项技术达到国际或国内领先水平，获得国家科技进步奖的技术项目达13项，获得省部级奖的技术项目达121项，企业以高达42%科技进步贡献率位居全国煤炭行业的首位③。2011年，集团又与中国矿业大学联合组建了同大科技研究院，进一步推动了同煤集团科技创新能力的提升。在集团发展战略的指导下，同煤集团采用面向社会招聘、高薪聘用和柔性引进等机制形式，在全社会广泛吸收各类技术人才多达1500余人，为集团发展方式转变奠定良好的人才基础。通过在循环经济园区内广泛地应用先进的工艺、技术和设备，提升了企业的技术和工艺设备水平，园区从德国艾柯夫

① 石锐钦：《同煤集团塔山工业园区发展循环经济的理论和实践》，《同煤科技》，2007年第3期，第24－26页。

② 李春秀：《同煤集团：着力发展区域循环经济》，《中国煤炭工业》，2008年第12期，第18－19页。

③ 蔡飞：《同煤集团以循环经济园区带动转型发展的经验与启示》，《品牌》（理论版），2009年第8期，第39－40页。

公司引进先进的工作面采煤机，从德国DBT公司引进高质量的胶带输送机，结合国内外先进的综采放顶煤开采技术，对厚达18米的煤层采取了一次放顶煤开采的方式，仅一个采煤工作面的产运能力即可达到每小时3000吨，超过80%煤炭资源回采率达到国际上领先的水平。选煤厂分选块煤采用的是先进的重介浅槽，分选末煤使用的是重介旋流器，使用煤泥分选机进行回收煤泥作业，联合洗选工艺的处理能力达到每小时3000吨，主要产品包括中煤、洗混煤和块煤，同时可以根据市场需求的变化对产品的质量指标进行灵活调整。澳大利亚厂商提供了全部的主选设备，使得选煤厂的整体技术水平达到了国内外先进煤炭洗选技术的水平①。同煤集团显著增强的科技创新能力，广泛应用先进工艺、技术和设备，有力地保障了资源型企业内部清洁生产的实施。

7.2.3.2 以园区为载体，构建完善的产业循环共生体系

同煤集团塔山循环经济园区作为山西省精品工业园区之一、全省第一批循环经济试点工程，于2003年2月开工建设，总投资170亿元，于2009年8月正式建成，历时6年零6个月。塔山循环经济园区是全国煤炭系统建成的首个循环经济园区，也是目前我国产业链条最为完整的煤炭资源型产业循环经济园区。园区以资源消耗和环境成本的最小化获得了经济效益和社会效益的最大化，实现了几代矿工“黑色煤炭、绿色开采”的梦想②。

依据产业循环经济的“减量化、再利用、资源化”原则，整个园区以煤炭资源的开采作为起点，以煤矸石、劣质煤、粉煤灰等煤系各类资源综合利用为主要内容。按照“一矿八厂一条路”的格局对整个园区进行了总体规划，以设计年产1500万吨的塔山煤矿为产业的源头，配套建设了与生产能力相匹配的选煤厂，建设了配套的综合利用电厂和坑口电厂、水泥厂、高岭岩加工厂、砌体材料厂、甲醇生产厂和污水处理厂，同时园区建设了一条铁路专用线。“资源—产品—废弃物—再生资源”的全新资源型产业生产模式在园区得到有效的发展。园区内企业的废弃物均被其他企业充分利用，实现了物质和能量在不同类型资源型产业之间的循环流动。采煤作为园区产业循环共生系统的物质和能量的生产环节，是物质和能量流动的开端，通过运输能力达每小时6000吨的大功率胶带运输机，将矿井每年生产的1500万吨原煤直接运到配套规模的洗煤厂进行洗选，对外销售系选出的精煤。中煤、尾煤等洗选产生的劣质煤，以及煤矸石和煤泥等废弃物，用于电厂和坑口电站的发电，电力除供园区使用外，还对外进行输送。

① 石锐钦：《同煤集团塔山工业园区发展循环经济的理论和实践》，《同煤科技》，2007年第3期，第24-26页。

② 邢保平：《同煤集团建设塔山循环经济园区的思路与实践》，《煤炭经济研究》，2009年第12期，第89-90页。

采用发电产生的余热取代锅炉形成热电联供系统对居民进行供暖；在洗选中分离出的高岭岩矿石则作为原料送入加工厂进行深加工处理，制造的高岭岩系列产品作为生产化妆品、造纸和陶瓷等的原材料；园区排放出来的粉煤灰作为水泥厂生产水泥的原材料；水泥厂排放的废渣用于砌体材料厂的原料。园区污水循环利用系统对园区产生的全部污水进行回收利用，矿井水经过污水处理系统处理后用于洗煤厂或者用于园区的绿化，实现了洗水闭路循环和废水的“零排放”。整个园区多业并举，形成了不同类型资源型产业的循环共生系统，实现了煤炭资源型产业的“低消耗、低排放和高效率”。

7.2.3.3 创新融资体制，为产业生态化发展提供资金支持

产业生态化发展需要良好的资金支持，面对同煤集团塔山循环经济园区建设中出现的资金严重短缺困难，积极推进大集团融资体制的改革，逐渐转变仅仅依赖于银行贷款的融资思路，推动开展资本运营，进一步拓宽了融资渠道，创新了融资模式。2006 年 3 月，同煤集团与中国工商银行签署了全面战略合作协议。按照协议的规定，由中国工商银行牵头或组织银团，为同煤集团提供 450 亿元的融资支持，融资支持的项目涉及同煤集团规划建设的煤、电、铝、煤化工等诸多能源领域。2006 年 5 月经国家发改委批准，同煤集团 9 亿元 10 年期公司债券在太原首发，财务费用相比同期贷款减少近 3 亿元。2006 年 6 月在上海证券交易所，大同煤业 2.8 亿股 A 股成功上市，为集团公司募集到 18.29 亿元的资金。同时积极引进战略投资合作伙伴，大同煤业、大堂国际和同煤集团共同投资组建了额塔山煤矿公司的塔山煤矿和配套选煤厂。在塔山循环经济园区的建设过程中，通过与大唐国际和国电等 10 多家企业的合作，累计引进近 45 亿元的项目资金①。全新的融资体制既增加了融资渠道，又取得了长期稳定的发展资金，从而优化了融资结构，提高了融资效率，为同煤集团的项目建设提供了较为长期的资金支持，有力地保障了煤炭产业生态化发展的资金需要。

7.2.3.4 整合资源，集团化发展

集团化发展模式成就了同煤集团煤炭产业生态化发展。从 2003 年开始，山西省对本省煤矿资源进行了优化整合。2005 年 6 月，在国务院发布的《关于促进煤炭工业健康发展的若干意见》中，明确提出要坚持走可持续发展道路，提高资源利用效率、保障资源的安全、创造好的经济效益并减少环境污染，鼓励大型煤炭企业对中小型煤矿进行兼并改造，鼓励通过资产重组的方式对资源储量可靠的中小型煤矿进行联合改造。2006 年的国务院第 133 次常务会议，以决议的形式通过了《国务院关于同意山西省开展煤炭工业可持续发展政策措施试点意见的批

① 蔡飞：《同煤集团以循环经济园区带动转型发展的经验与启示》，《品牌》（理论版），2009 年第 8 期，第 39－40 页。

复》。山西省也开始制定煤炭产业的具体关闭整合方案，包括同煤集团在内的 7 家大型煤炭集团在 2008 年被指定为山西煤炭资源整合的主体。面对新的机遇和挑战，同煤集团积极配合山西省政府的资源整合工作，煤炭资源整合的步伐显著加快并取得了良好的效果，资源整合有效提升了煤炭资源型产业的集中度，增强了煤炭资源型产业生态化发展的能力，提升了煤炭资源的综合利用率。通过在更大空间内充分利用资源，同煤集团不断统筹上下游产业的协调发展，也不断构建出较为完善的产业链，并借助市场优势和大集团的品牌优势，实现了经济效益的最优化①，集团的煤炭产业生态化水平也得到有效提升。

7.2.3.5　各级政府的支持为产业生态化提供良好的发展平台

2005 年大同市出台了《关于加快循环经济的若干意见》；2006 年 6 月作为全国唯一的试点省，山西省出台了《关于在山西省开展煤炭工业可持续发展措施试点的意见》；2006 年 12 月山西省政府下发了《关于加快发展循环经济的实施意见》，明确提出要提升煤炭等产业的节能降耗和资源综合利用水平，作为全省工业循环经济试点的大同塔山工业循环经济园区被确定下来；2007 年，山西省被国家发展与改革委员及科技部等六部委列为第二批循环经济试点省份。这些都为同煤集团煤炭产业生态化发展提供了新的平台。

7.3　国内外资源型产业生态化发展路径对新疆的启示

国内外产业生态化发展实践表明，产业生态化是协调经济发展和生态环境保护的有效途径，资源型产业生态化发展取得了一些积极的成效。国内外资源型产业生态化发展的实践表明，产业生态化发展是一个系统工程，完善的法律法规是产业生态化发展的有效约束，政府的政策引导能够有效提升企业参与产业生态化发展的积极性，企业是实现产业生态化发展的主体，持续的技术创新是产业生态化发展的重要支撑，园区是产业生态化发展的平台，经济效益的实现是实现产业生态化持续发展的必然条件，全社会的共同参与是推进产业生态化持续发展的重要动力。新疆资源型产业生态化发展路径能够从国内外产业生态化发展实践得出以下几个方面的有益启示：

---

① 同煤集团：《开创塔山模式的循环经济》，《山西煤炭》，2010 年（第 30 卷）第 1 期，第 4－8 页。

7.3.1 产业生态化发展中相关法律法规的完善是产业生态化发展的保障

国外产业生态化发展的成功实践表明，产业生态化发展离不开完善法律法规的规范约束。一方面，完善的法律法规能够为资源型产业发展提供一个清晰的发展预期，减少企业的投机行为；另一方面，完善的法律法规能够促使企业积极探索协调环境保护与经济效益的有效途径，进而实现产业生态化发展。我国现阶段与产业生态化发展相关的法律法规只有循环经济的法律，且不是很完善，针对新疆产业发展的一些法律法规尚存在一定的模糊性，这就增加了资源型产业实施生态化发展的不确定性。因此，新疆应配套制定推进产业生态化发展的地方性法规，对地方各级政府、企业、社会团体和公众的责任和义务进行明确具体的法律界定；同时规范各级地方行政机关的执法行为，使其能够依法行政，既要避免行政权力的滥用，也要防止执法的无效；针对资源型产业生态园区建设和开发区建设都应制定出明确具体的标准以及可供操作实行的程序和权限，并附以相适应的有力制裁措施。使涉及资源产业生态化发展的各主体、各环节和各方面都置于法律的约束和规范之下，依法推进新疆资源产业生态化发展。

7.3.2 资源的循环高效利用是产业生态化发展的核心

产业生态化发展的直接表现形式就是产业循环共生体系的形成，资源的高效利用是产业生态化发展的根本特征。目前，新疆资源型产业对资源的粗放型开发和利用的方式还没有得到根本改变，产业生态化发展的资源效率和环境效率都较低，发展较慢。新疆资源产业生态化发展应以资源价值最大化和综合经济效益最大化为目标，全面提高资源开发利用各环节以及最终排放处置等环节的资源综合利用效率，拓展中间“废弃物”的利用空间，以相关产品附加值的提高为重点，建立有利于更大限度地提高资源价值的生产体系。把对资源外在式的一次性开发利用，转变为内涵式的闭路循环开发利用；通过产业链的延伸实现生产所需资源和能源的内部化供给，减量化与再资源化的污染物处置，达到资源综合利用和环境保护的双赢效果。

7.3.3 生态园区建设是产业生态化发展的有效载体

产业生态园区建设是国内外产业生态化发展最为成功的发展路径。首先，生态产业园区的规划和建设能够有效避免企业之间的恶性竞争，促进区域内不同类型产业之间的协调发展。其次，生态产业园区拉近了企业与企业之间的距离，增强了企业之间的联系，为企业的交流搭建了有效的平台。最后，生态产业园区完善的管理服务体系，可以降低企业之间的废料和资源流通的交易成本。新疆资源型产业生态化发展路径应当突出产业生态园区的发展，以新疆煤、石油、天然气资源为依托，合理规划产业生态园区，促进不同类型产业在园区内的合理集聚。加强对产业园区的管理，建立完善的园区管理制度，提升园区管委会在产业生态化发展过程中的桥梁纽带作用。

7.3.4 企业是产业生态化发展的主体

企业是产业生态化发展的核心，也是实施产业生态化发展的主体。从国内外资源产业生态化发展的成功经验来看，企业按照产业生态化发展的原则组织生产活动、整合优化生产工艺，这些企业的发展不但节约了资源，也改善了环境，取得了良好的经济效益和社会效益。新疆资源型产业生态化发展，应注重完善企业参与产业生态化发展的激励和约束机制，激发企业的自觉性和创造力，一方面要构建企业积极推进产业生态化发展的激励机制，通过减免税收、财政补贴信贷优惠、专项奖励等政策措施激励企业实施清洁生产和循环利用资源；另一方面要建构企业生态化发展的约束机制，通过制定和实施环境质量影响评价制度、排污收费制度、生产者责任延伸制度等以及配套的强制执行法规制度，来强化企业的社会责任并保障循环经济的顺利实施①。通过产业生态化发展拓宽企业的发展空间，来提高企业的经济效益和社会效益，从而实现资源产业生态化持续发展。

7.3.5 政府引导和公众参与是产业生态化发展的重要推动力

国内外资源产业生态化发展的成功实践表明，政府在推进产业生态化发展过程中发挥着不可替代的作用，资源型产业生态化持续发展离不开全社会的积极参与。新疆资源产业生态化发展，各级政府要形成合力，坚定决心，共同推动资源产业生态化发展，使得“有形的手”的功能与作用能够卓有成效地发挥出来，新的地方政府绩效考核体系要重新建立，并将绿色 GDP 评审标准引入其中，中央到地方各级政府的联动机制要从根本上进行强化。同时，也应当进一步完善新疆资源产业生态化发展的社会参与机制，通过加强宣传教育和制定配套的政策法规等措施，使社会各参与主体明确各自的权利和责任，引导风险资金和民间资本规范参与产业生态化发展，调动广大公众和其他社会中介组织积极参与的热情，共同推动新疆资源产业生态化发展。

7.3.6 人才和技术是产业生态化发展的重要支撑

国内外资源产业生态化发展成功经验表明，产业生态化发展离不开人才和技

① 段树国、龚新蜀：《基于熵值法的地区循环经济发展综合评价——以新疆为例》，《中国科技论坛》，2012 年第 11 期，第 98－103 页。

术的重要支撑。只有拥有良好的人才基础，才能提高企业管理水平和技术研发能力。构建有效的新疆资源型产业生态化发展人才和技术支撑体系，首先，加大对现有人力资源的开发力度，重点做好科技创新型人才和应用型人才的培养，建立健全社会需求与大中专院校人才培养的良好对接机制，从而有效地提高人才开发的效率。其次，促进政府和企业的有效结合，共同构建良好的优秀人才培养和引进机制，通过对相应的优惠政策进行制定和认真执行形成有利于人才成长和吸引人才的良好环境。最后，在加强人才支撑体系的基础上，积极推动产学研相结合的技术创新体系的建立，不断加大技术的研发与应用力度，重点组织研发新疆优势资源集约开发利用技术、产业共生、清洁生产和资源综合利用等方面的绿色技术体系，加快引进或研发相应的新技术、新工艺和新设备，并做好相应的推广应用工作，从而最终形成新疆资源产业生态化发展所需的良好人才和技术支撑体系。

7.3.7 金融支持是产业生态化发展的有效保障

资源产业生态化发展是一个系统工程，金融支持是产业生态化发展的重要保证。新疆要促进资源型产业生态化发展，必须构建符合产业生态化发展基本规律的金融支持体系。一是以国家能源基地建设为契机，强化银行对资源型产业共生技术、清洁生产和产业生态园区建设等项目的支持，完善产业发展的生态基础设施。同时，促进商业银行的信贷资金向资源循环利用企业倾斜，为产业生态化中介服务机构融资提供优惠。二是拓展资源产业生态化发展的融资渠道，证券监管部门应优先支持符合产业共生与清洁发展要求的企业上市融资或发行债券；同时，充分发挥国际信贷市场的作用，争取国际金融机构贷款、政府间贷款及国际银行组织有关资源开发或环保项目的专项贷款，为资源产业生态化发展提供金融支持。

第8章　新疆资源型产业生态化发展路径构建

新疆资源型产业生态化发展是资源型产业系统生态化改造的过程，即把资源型产业或者其中的一个行业、整个企业看成一个系统，应用生态系统中物种共生、物质循环再利用的基本原理，构建实现资源型产业发展生态效益、经济效益和社会效益相统一的产业发展模式。新疆资源型产业生态化发展应当立足资源型产业生态系统的实际状况、生态化发展的水平及其经济和社会绩效，从产业生态化发展的影响因素着手，深入分析产业生态化发展路径构建的原则、思路与重点，构建有效的产业生态化发展路径，进而实现资源型产业发展的经济效益、社会效益和生态效益的统一。

8.1　新疆资源型产业生态化发展的目标

新疆资源型产业生态化发展的目标是建立一个和谐、资源高效利用、环境友好的资源型产业生态系统，在煤、石油、天然气资源消耗及产业发展对生态环境造成的负面影响最小化的基础上实现经济效益和社会效益的最大化。具体包括以下几个方面的目标：一是资源型产业内部的协调发展目标。产业系统内部各要素的协调直接影响着系统整体作用的发挥。只有产业系统内各种生态要素协调，各子系统相互促进、相互配合，整个资源型产业生态系统才能够稳定地向前发展。资源型产业生态化发展路径能促进各类型资源型产业搭配比例趋于协调，资源型产业结构持续优化，延伸资源型产业链条，发展精细化工，资源型产业工业废物回收利用业得到较快发展，资源型产业生态化发展的咨询服务业逐渐发展起来。煤炭煤化工业年均增长达到45%以上，煤制二甲醚、煤制天然气、煤制烯烃、煤制乙二醇和煤制液体燃料等现代煤化工产业规模逐渐扩大。到2015年化学原料及化学制品制造业、化学纤维制造业、橡胶及塑料制品业产值比重达到20%，2020年达到28%，上述三类资源型产业加上石油加工、炼焦及核燃料加工业2015年和2020年力争分别达到55%和60%。资源型产业信息化水平得到较快发展，2015年建立起综合性工业废物信息交换网站1个，“两化”融合示范企业达到300家；产业生态化发展物流体系逐渐健全，2015年物流费用占工业总产值的比重降低到20%左右，2020年达到15%。资源型产业园区建设水平逐渐提升，产业园区工业增加值年均增长30%，2020年独山子、乌鲁木齐、克拉玛依和库车四个具有国际竞争力的千万吨级炼油和化工基地逐渐形成，推进煤—电—化与石油化工的共生产业生态园建设。二是资源型产业与自然的协调发展目标。自然是人类赖以生存和发展的基础和前提，也是产业可持续发展的保障。资源型产业与自然之间的关系主要体现在资源型产业从自然中获取自然资源，并且将工业废物排放到自然当中。资源型产业生态化发展路径要降低资源型产业对资源的过度消耗，减少资源型产业向自然中的污染排放量。产业生态化水平2015年力争达到25%，2020年达到30%，其中资源效率在2015年和2020年分别达到75%和80%，环境效率在2015年和2020年分别达到25%和33%。三是资源型产业与社会协调发展目标。社会发展和社会进步体现在很多方面，包括政治、科技、文化、就业等目标。资源型产业与社会的协调发展重点要通过资源型产业生态化发

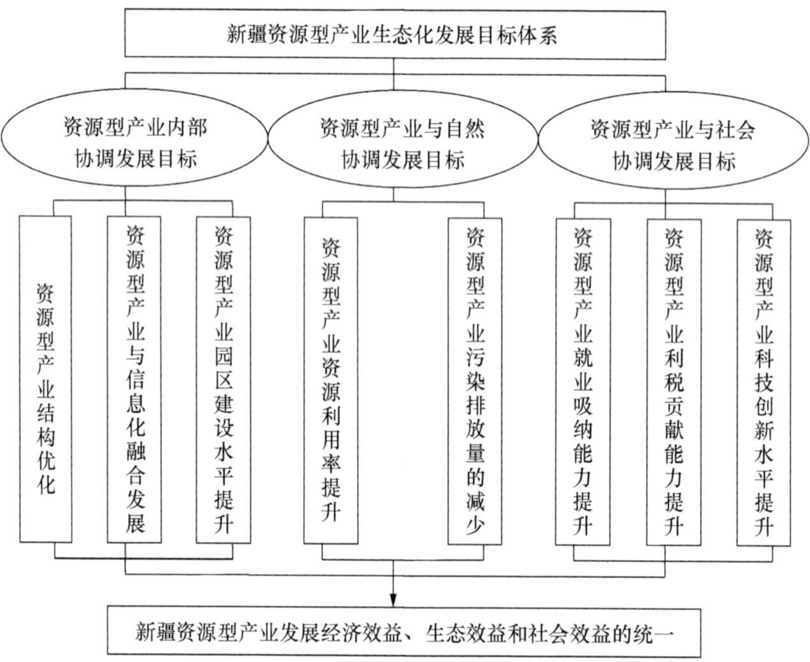

图8－1　新疆资源型产业生态化发展目标体系

展路径的构建，实现资源型产业发展对就业的吸纳能力的提升、对科技创新水平的提升以及对社会税收水平的贡献，力争到 2015 年资源型产业从业人员占规模以上工业企业从业人员的比重达到 50%，大中型企业科技活动经费支出占到销售收入比重的 1.5%，利税总额占新疆规模以上工业的比重达到 83%；2020 年分别达到 52%、2%、85%。

8.2 新疆资源型产业生态化发展路径构建的原则

工业化是实现现代化不可逾越的阶段。目前，新疆仍处于工业化的初级阶段，以煤、石油、天然气为基础的资源型产业仍然是新疆工业发展的主体，资源型产业发展模式决定着新疆的经济发展方式转变与可持续发展。结合新疆社会经济发展实际，新疆资源型产业生态化发展路径的构建应当遵循以下几个方面的原则：

8.2.1 政府引导和市场化推进相结合原则

资源型产业生态化发展要在政府引导的基础上充分发挥市场的力量。落实中央给予新疆的特殊政策，根据资源型产业发展与生态环境相协调的需要，制定严格的资源型产业准入技术条件、规模条件与行业范围，引导企业进行技术创新和从事资源型加工业的发展；根据新疆的资源环境特点制定严格的产业规划，推动资源型产业集聚化发展，引导企业合理有序地进入园区发展；完善产业生态化发展相关政策，促进企业积极利用工业废物、推进清洁生产。政策与技术支持向资源型企业的资源循环利用、清洁生产和节能减排倾斜，降低产业共生过程中废物资源循环利用的交易成本，充分调动企业参与产业生态化的积极性。

8.2.2 优先确保绿洲生态安全原则

绿洲是新疆经济发展的重要载体，也决定和制约着新疆经济的可持续发展。资源型产业生态化发展应当注重产业与绿洲的协调，通过对新疆区域生态功能区进行环境承载能力和工业适应性的分析，结合自治区工业中长期发展规划，在确保生态发展空间的基础上，划分出资源型产业发展的优先区和重点区，并在此基础上对各生态功能区的资源型产业进行科学的纵向主导产业链和横向耦合共生产业链的设计。

8.2.3 系统性原则

新疆资源型产业是一个复杂的系统，不同类型资源型产业既存在差异又存在共生的需要。坚持系统性原则，将煤化工与炼油、石油化工及天然气化工联合，可以达到减少投资、降低原料和能耗、优化管理、减少温室气体排放、理顺销售渠道并降低销售成本的多方面效果。石油化工和煤化工本质上讲都是烯烃化工，煤基低碳烯烃替代石油基低碳烯烃，发展煤基化工产品，可以有效地缓解石油和烯烃资源短缺矛盾，煤化工中过剩一氧化碳可以和天然气化工中的过剩氢气相结合，制成甲醇，这样，煤、石油、天然气化工的联产装置能够使生产成本降低 30%。

8.2.4 循环利用原则

资源的循环利用是过程性方法，目的是延长产品或服务的时间长度，能够有效地提升产业生态化发展的经济效益。新疆资源型产业生态化发展应当注重构建产业循环利用系统，以此来延长产业物质能量流动链条，增强产业共生关系。突出对产业循环利用技术的政策支持，构建资源型产业生态化发展的技术基础。同时，通过物质能量循环流动链条的构建降低企业的成本，提升企业利润，以此来引导企业积极将产业生态化发展模式用于本企业的生产经营活动。

8.2.5 减量化原则

减量化属于产业生态化发展的输入端方法，旨在减少进入生产和消费流程的物质量。新疆资源型产业生态化发展应当推动能源资源开发利用方式的转变，降低产业发展对能源资源的消耗，促进产业的集约化发展。推动资源利用技术创新，提高资源利用效率，降低资源型产业对资源的消耗量。引导企业对资源进行深加工，争取以最小的投入获取最大效益；促进煤化工和石油化工融合发展，降低对石油资源的消耗。

8.2.6 效益综合型原则

资源型产业生态化发展强调生态环境保护和废弃物资源化利用，这并不意味着以牺牲社会效益和经济效益为代价，而是作为提高经济效益和社会效益的重要手段。新疆资源型产业生态化发展要在生态环境保护的基础上，通过资源效率和环境效率的提升，实现经济效益和社会效益的增加，只有这样，资源型产业生态化发展才会变成各级政府与企业积极实施的产业发展模式。

8.3 新疆资源型产业生态化发展路径构建的思路

8.3.1 产业活动与生态环境的统一

产业生态化发展路径的构建要协调产业活动与生态环境之间的关系。首先，产业生态化发展路径的构建，要以减少资源消耗和环境污染排放为直接目标，降低产业活动对生态环境造成的负面影响。其次，产业生态化发展路径的构建要着力提升产业发展的经济效益，推动企业将产业活动与生态环境有机结合起来。再次，新疆地域辽阔，生态环境和资源禀赋区域差异较大，要处理好产业发展与生态环境之间的关系，就有必要对新疆的工业格局进行清晰界定，并在此基础上构建新疆资源型产业生态化发展路径。最后，煤、石油、天然气资源采掘业与加工业产业组织形式、技术条件以及对资源环境的消耗存在较大差异，产业之间产业生态化发展的资源效率和环境效率差异较大，不同类型的资源型产业与生态环境的关系也存在一定的差异，产业生态化发展路径的选择要充分考虑资源型产业与生态环境关系的特点，达到不同类型资源型产业与生态环境的协调统一。

8.3.2 构建完善的资源型产业生态系统

产业生态系统的完善是实现产业生态化发展的重要内涵，是实现产业发展经济效益、生态效益和社会效益相统一的有效产业体系。首先，新疆资源型产业生态化发展路径的构建要积极推动企业延伸产业链条，促进资源型产业实现纵向耦合发展。其次，新疆资源型产业生态化发展路径构建要为不同类型资源型产业共生发展创造技术条件和基础设施条件。最后，按照产业生态学的原理，鼓励能够促进产业系统完善的不同类型的产业发展，鼓励静脉产业、产业生态化中介服务机构的发展，实现不同类型产业之间的互利共生。

8.3.3 优化资源型产业能量流动体系

资源型产业生态化发展路径的构建要按照产业耦合与共生发展的基本要求，推动构建高效的产业能量流动体系。首先，新疆资源型产业生态化发展路径的构建以生态环境损害最小和废弃物多层次利用为目标，从技术和产业布局模式层面解决资源利用效率低下和废弃物排放量大的问题。其次，新疆资源型产业生态化发展路径要推动实现企业流程再造，减少资源浪费，提高企业的资源利用效率，同时加强资源在不同企业之间的配置，促进市场化发展，通过优胜劣汰提高资源的使用效率。再次，新疆资源型产业生态化发展路径要通过产业链的纵向耦合与横向共生，形成采掘、基础加工、精细化工、废物再生利用有机结合的资源得到高效利用的产业能量流动系统。最后，新疆资源型产业生态化发展路径应推动产业生态化“资源—产品—废弃物—资源”运行模式的发展，围绕资源开发利用的各个环节和各种“废弃资源”进行流程优化，支持核心企业、培育中小型补链企业，构建资源在企业内部和企业间循环利用及代谢交换系统，形成资源高效循环利用的产业链，提高资源综合利用率和循环利用率。

8.3.4 构建完善的资源型产业生态化发展机制

产业生态化发展需要政府、企业和社会的广泛参与，产业生态化发展路径应当推动构建完善的产业生态化发展机制。首先，新疆资源型产业生态化发展路径应推动建立有效的技术引进机制，促进资源型清洁生产技术和精细化工技术用于新疆资源型产业发展，为产业升级与改造创造有效的技术支持与技术创新环境。其次，新疆资源型产业生态化发展路径应促进建立完善的资源型产业工业废物的交换和循环利用的激励约束机制，提升企业参与产业生态化发展的积极性。再次，新疆资源型产业生态化发展路径应当推动产业发展投融资机制的完善，按照“大力支持上游、积极介入中游、加快发展下游”原则，依托石油天然气资源，鼓励社会资本进入资源加工业；按照“占领行业、市场、技术和规模制高点”的要求，积极引进大型煤化工企业，扩大行业投资规模。最后，新疆资源型产业生态化发展路径应当推动建立完善的资源型产业的合理集聚机制，降低资源型产业互利共生的交易成本，进而提升产业生态化发展的经济效益和社会效益。

8.4 新疆资源型产业生态化发展路径构建的重点

新疆资源型产业生态化发展微观经济绩效为负，资源效率的经济效益和社会效益不显著，环境效率仍然处于较低水平，资源型产业发展对于资源能源的粗放式开采与初级加工还没有改变，资源型产业既是新疆的资源消耗大户，也是环境污染排放大户。新疆资源型产业生态化发展路径应当突出对产业创新能力的培养、区域产业共生体系的构建、循环产业链的构建以及资源型产业经济效益的提升，以此来实现资源型产业生态化发展的资源效率和环境效率的提升。

8.4.1 产业创新能力的提升

新疆资源型产业生态化发展路径应突出对产业创新能力的培养，为资源效率和环境效率的提升创造技术基础。首先，推动提高油、汽、煤田采收率及油气伴生资源的综合利用率的技术创新，加强清洁生产和环境保护技术的开发运用。其次，通过工艺改造、设备更新、废物回收利用等途径，实现“节能、降耗、减污、增效”，降低生产成本提高产业发展的综合效益。再次，推动产业组织创新管理能力的提升，提升包括管理人员、工程技术人员和操作工人在内的所有员工的经济观念、环境意识、技术水平和职业道德方面的素养。最后，推动资源型加工业技术创新，促进石油、天然气和煤化工产业向下游发展。

8.4.2 区域产业共生体系的构建

产业共生体系是构建完善的资源型产业生态系统的有效产业组织模式。在产业生态学、生态经济学和产业生态学原理的指导下，形成具有不同生产目的的资源型企业，按照物质循环、工业生物群之间的协同与共生关系，对资源型产业生态系统进行生态结构重组，建立起系统内部的生产者、消费者、还原者的产业生态链，构造一个“从摇篮到坟墓”利用资源的具有完整生命周期的产业体系而实现区域内物质能量的相对封闭循环，提高物流、能量流和信息流的利用效率，形成一个低消耗、无（低）污染、经济增长与生态环境相协调的可持续发展的资源型产业生态体系。首先，以煤、石油和天然气资源的开发和加工为主导，推动众多相联系的企业在一定地理空间范围内合理集聚，实现资源型产业之间的互利共生。其次，推动下游产业发展。通过产业链的延伸，石油、天然气等精细化工业以及以煤炭为原料的煤化工、煤电联产等产业发展，完善产业共生系统。最后，推动资源型产业生态化发展的中介服务业、工业废物处理业、物流业的发展。

8.4.3 循环产业链的构建

循环产业链的构建直接决定着资源型产业资源效率和环境效率的提升，对于降低资源型产业生态化发展的成本具有直接的推动作用。以资源的高消耗、污染高排放为基础的产业发展模式产业链条一般遵循“资源—产品—废物”的线性流程，产品种类较为单一。要实现产业生态化发展，就要考虑废物的利用问题，把它变成其他产品的投入资源，延长产业链条，在降低污染物排放的过程中实现产业经济效益。首先，依托煤、石油、天然气资源分布，推动煤化工与能源化工的有效融合，实现煤化工产品向石化原料的有效转换，促进不同类型资源型产业循环产业链的形成。其次，以资源型产业合理集聚为基础，促进资源型产业废物规模化地处理和利用。最后，以技术创新推动资源型产业结构优化，做大产业规模，扩宽延长产业链。

8.4.4 资源型产业经济效益的提升

新疆资源型产业生态化发展路径应当充分调动企业在产业生态化发展中的主体作用，经济效益是促使企业积极推动产业生态化的核心动力也是持久动力。首先，推动资源型产业资源利用效率提升以及废弃物的循环利用，降低资源型产业生态化发展成本。其次，推动资源采掘、加工业一体化发展，实现规模规范开采和集约高效利用，走规模化、集约化和信息化的路子。最后，推动以煤、石油、天然气为基础的化工产业发展，促进化工产品的多样化发展，重点发展面向电子信息产业、汽车机械产业、轻工纺织、化学建材产业的产品和原材料。

8.5 新疆资源型产业生态化发展路径

新疆资源型产业生态化发展要从资源型产业生态系统的节点层、网络层和外围层着手，通过技术创新、生态工业园区建设、产业结构优化、区域副产品交换和区域循环产业集群构建的产业生态化路径，形成一个结构合理、层次多样、功能完善的，能够促进物质和能量在自然—经济系统内高效循环和流动的产业生态化系统，实现资源型产业发展的生态效益、经济效益和社会效益的统一。

8.5.1 资源型企业技术创新的资源型产业生态化

技术进步与产业发展始终相伴，它既是产业发展过程中的一个重要方面，又是推动产业发展的一种极为重要的力量。新疆资源型企业技术创新是资源型产业实现清洁生产的重要手段，也是实现产业生态化发展的重要途径。第一，推动石油、天然气和煤炭采掘业技术创新，采用先进技术提高油、气、煤田采收率及油气煤伴生资源的综合利用率。第二，开发煤化工产品多联产及高附加值技术，以煤气化、液化为龙头，以煤化工产品为联产纽带，通过系统集成，将“肮脏”的煤炭转变为高效清洁的能源和化工原材料。第三，发展洁净煤技术，推动煤气化，制成合成气脱除硫化物等污染物后再利用，从而大幅度降低直接燃烧所造成的环境污染；对现有洗选厂进行技术改造和能力扩建，对新建煤炭基地和煤炭生产企业严格执行配套洗选厂的规划建设，提高原煤的入选比例，同时选用高效洗选加工设备、优化生产工艺，降低能源资源消耗，严格管理洗选废水，实现洗水闭路循环，对洗选出的中煤、煤泥和矸石进行综合利用，减少废弃物的排放。第四，推动煤化工清洁生产技术创新。焦化、化肥等传统煤化工产品，应进一步提高技术水平，实现焦炉大型化、气流床气化生产化肥等技术水平的提升。现代煤化工生产过程应注重装置的大型化、现代化，提高煤化工过程中的中水回收率，提高固体废物综合利用率；尽量采用空冷技术降低水耗；注重能量梯级利用，优化煤化工过程中的蒸汽利用技术。第五，推进煤化工转化石化原料的技术创新。在煤炭、石油资源均较为丰富的北疆地区，依托独山子石化、乌鲁木齐石化、克拉玛依石化基地以及伊犁、准东大型煤化工基地，积极推动煤—烯烃—精细化工、煤—乙二醇—聚酯、石油—对苯二甲酸（PTA）煤石油天然气资源型产业循环共生技术的发展。第六，推动炼油企业技术创新，优化炼油企业工艺流程，促进炼油企业的余热、中间副产品和“三废”物质的资源化利用和再生利用技术创新。第七，积极发展绿色化工技术。推进煤、石油、天然气化工技术的绿色转型，主要包括新型催化技术、改进溶剂和反应条件、清洁合成路线开发、安全化学产品设计等绿色化工技术。

8.5.2 生态工业园建设的资源型产业生态化

生态工业园是生态工业的集中体现，推进生态工业园建设是实现产业生态化发展的有效途径。生态工业园区是依据产业生态原理而设计建立的一种产业共生的新型产业组织形态，其目标是尽量减少废物，将园区内一个企业产生的废物或者副产品用作另一个企业的投入物或者原材料，通过废物交换、循环利用和清洁生产等手段，实现园区内污染物的最小排放。新疆资源型产业生态化发展应当以资源分布为基础，推进资源型产业生态工业园区建设，鼓励园区内企业开展节能降耗、清洁生产和资源综合利用，逐步建成以骨干企业为主体，以能源资源综合利用、产业链配套和废气、废物、废水综合利用为特点的园区产业生态化发展模式。

天山北坡资源型产业生态园区建设以乌鲁木齐—昌吉产业集聚区、克拉玛依—奎屯—乌苏产业集聚区、伊犁河谷产业集聚区、石河子—玛纳斯—沙湾产业集聚区组成的天山北坡产业带为依托，其中乌鲁木齐—昌吉产业集聚区重点发展石油化工、现代煤化工、电力资源型产业生态工业园，着力打造“大炼油、大化肥、大化工”三大基地；克拉玛依—奎屯—乌苏产业集聚区重点发展油气生产、炼油化工、石油化工下游加工产业、现代煤化工资源型产业，建成集石油化工、精细煤化工、橡塑产品加工于一体的产业生态园区；伊犁河谷产业集聚区重点发展现代煤化工、煤电资源型产业生态工业园，在园区内部集中建设煤气化岛，为后续工业用气、合成化工产品和联合循环发电提供气源；石河子—玛纳斯—沙湾产业集聚区重点发展化工新材料、电力能源资源型产业生态工业园区。东疆资源型产业生态园区以吐鲁番—鄯善和哈密产业集聚区组成的东疆产业带为依托，其中，吐鲁番—鄯善产业集聚区重点发展石油化工资源型产业生态工业园区，促进石油化工与无机盐化工的融合发展；哈密产业集聚区重点发展电力能源资源型产业生态工业园区，促进电力能源与有色金属冶炼的有机融合，建成新疆面向内地市场的资源产品深加工基地和能源大通道。南疆资源型产业生态园区建设以巴州—阿克苏产业带为依托，其中，库尔勒—轮台产业集聚区重点发展石油天然气生产、化工资源型产业生态工业园区；库车—拜城产业集聚区重点发展煤炭焦化、石油天然气生产加工资源型产业生态工业园区；且末—若羌产业集聚区重点发展钾肥资源型产业生态工业园区，促进钾肥化工与盐化工融合发展。

煤化工生态工业园区以伊犁、准东、库车—拜城、和布克赛尔—克拉玛依煤化工基地为重点，实现煤—电—冶、煤—电—化、煤—天然气—化肥、煤—电—硅—太阳能等多种类型的资源型产业共生，发展循环经济，推动与石油化工的融合发展，实施煤炭高效清洁转化和石化原料多元化发展的产业生态化发展途径。石油化工资源型产业生态工业园区以独山子、克拉玛依、乌鲁木齐、南疆和吐—哈四大石化基地为重点，发展一批与大型石化相关的“吃配型”深化工项目，将石化产业链向下游延伸，促进地方石化下游深加工项目及产品的发展，实现产业集聚的生态效益、经济效益和社会效益。

8.5.3 产业结构优化的资源型产业生态化

产业结构优化是通过产业结构调整使各产业协调发展，推动产业结构合理化和高度化发展的过程。资源型产业结构优化主要是指工业结构水平的优化及产业附加值的优化，以此来实现增加产业产品价值量的同时，降低环境负荷的实物量，提升资源型产业生态化发展的资源效率和环境效率。

新疆资源型产业结构优化重点推动资源型加工业及产业生态化发展服务业同步发展，提升资源型产业产品附加值，构建包含生产者、消费者和还原者的资源型产业生态系统。推动建设独山子石化、乌鲁木齐石化、克拉玛依石化和南疆塔河石化四个具有国际竞争力的千万吨大型炼油基地建设，积极调整石油炼厂二次加工结构，使疆内部分炼厂形成炼—化一体化发展，提升原油在疆内深加工比例，为下游有机化工和合成材料产业的发展提供原料。石油化工资源型产业重点发展面向电子信息产业、汽车机械产业、轻工纺织、化学建材产业的产品和原料，如苯酚丙酮、双酚 A、苯胺、苯乙烯、己内酰胺、MDI、TDI、聚甲醛、聚酯、聚醚、聚碳酸酯、合成橡胶、高性能子午轮胎、高性能纤维等石化产品。利用新疆天然气、煤炭价格优势，建设大型氮肥基地。精细化工重点发展油田化学品、食品添加剂、饲料添加剂、橡胶加工助剂、胶粘剂等资源型产业产品。煤化工资源型产业形成以资源类型为特点和产品上下游紧密联系的煤化工产业体系，形成煤制合成氨、煤制二甲醚、煤制天然气、煤制烯烃、煤制乙二醇、煤制油、煤焦化副产品精深加工七大资源产业产品链，打造煤—电一体化、煤—电—化一体化、煤—电—冶一体化、煤—电—硅—太阳能一体化产业链条。

8.5.4 区域产业副产品交换的资源型产业生态化

区域副产品交换是在区域范围内分散或聚集的不同类型产业的企业开展包括能源、水和材料等在内的废旧资源的循环利用，通过建立各类副产品市场实现规模经济。资源型产业副产品交换能够很好地削弱产业发展对生态环境造成的破坏，同时降低企业的经营成本，实现资源型产业发展生态效益与经济效益的统一。

新疆资源型产业区域副产品的交换以城市为依托，重点推动工业废水和固体废物在区域范围内进行交换。首先，废水是资源型加工业排放的重要工业废物，引导资源型产业的企业与区域范围内规模化废水处理厂合作，促进工业废水的回收再利用。其次，石化行业的危险废物处理问题比较严峻，推动危险废物由城市集中处理企业进行处理。再次，以煤炭为基础的资源型产业工业粉尘废物排放量较大，推动化工企业与水泥、砖等建筑企业的合作，促进工业粉尘在区域范围内进行交换。最后，推动区域环保产业发展，为产业生态化发展提供污染控制技术、清洁生产技术、废物利用技术保障。

8.5.5 区域循环产业集群构建的资源型产业生态化

产业集群所具有的互惠共生性、竞争协同性、根植性和资源共享性为产业生态化发展创造了得天独厚的条件，产业生态化发展也将确保由集聚形成的产业集群得以持续发展。资源型产业生态化发展运用生态原理引导产业合理聚集，进而培育生态型产业集群。

新疆资源型产业集群建设应当以资源分布为基础，构建完善的集群产业体系，同时避免临近地域范围内产业集群之间的恶性竞争，实现产业集群之间物质和能量的流动。首先，利用新疆煤炭、石油、天然气资源优势，资源型产业集群内延伸乙烯、芳烃、天然气利用和精细化工四条产业链主线，形成各具特色的资源型产业集群，促进不同类型资源型产业集群之间的互利发展。其次，以煤炭为基础的资源型产业集群发展煤基低碳烯烃替代石油基低碳烯烃，与石油资源型产业集群联合发展煤基化工产品，降低资源型产业生态化发展成本，提升产业生态化发展经济效益，比如依托独山子大型炼化一体化项目，伊犁河谷地区煤炭资源型产业集群积极推进煤制烯烃产业发展。最后，煤化工产业集群中过剩一氧化碳可以和石油天然气化工产业集群中过剩氢气结合，制成甲醇，尤其是在煤炭、石油、天然气资源都较为丰富的乌鲁木齐、昌吉、吐鲁番地区，推进不同类型资源型产业集群之间废物的交换，实现不同类型资源型产业集群的循环共生。

第9章 新疆资源型产业生态化发展路径的保障措施

新疆资源型产业生态化发展路径的实施涉及经济、生态、技术和社会多方面多维度的影响因素，需要从政策、产业发展规划、管理制度、融资体制、创新机制等多个方面制定完善的资源型产业生态化发展保障措施，实现不同类型资源型产业生态化发展路径的有效推进。

9.1 构建资源型产业生态化发展的市场体系

推动资源型产业生态化发展，要充分发挥市场机制的决定性作用，激励资源型企业主动引入环保理念，积极参与到资源型产业生态化发展过程之中。

9.1.1 建立生态税收机制

建立完善的生态税收制度，为资源型产业生态化发展提供一个稳定的发展预期。同时，可以在经济发展水平相对较高、资源型产业种类较为丰富的北疆、东疆资源型产业密集区试点征收生态税种，重点征收水资源税、能源税、污染税、排污税等，生态税返还给地方，作为生态保护和环境治理的专项经费。在技术可行的基础上，尝试征收二氧化碳、二氧化硫和工业固体废物税，实施累进的边际税率，正确反映资源型产业发展的环境成本，加大资源型企业非循环利用的成本，促使企业积极实施废弃物的循环利用。利用生态税收建立资源型产业生态化发展专项基金，主要用于资源型产业生态化发展基础设施建设、污染防治和生态治理的技术创新支持等。

9.1.2 建立排污权交易机制

新疆不同类型资源型产业生态化发展水平、资源效率和环境效率存在较大的差异，具有排污权交易的潜在需求。环保部门可以尝试制定资源型产业污染排放的总量标准，依据不同类型资源型产业发展的国内平均技术条件将污染排放指标分配给排污企业。另外，建立排污权交易中心，完善排污权交易监督管理机制，鼓励不同类型资源型产业之间排污权的合理流动，以此来激励企业积极采取产业生态化发展措施。

9.1.3 建立产业一体化机制

资源型产业融合发展是提升资源效率和环境效率的有效途径，必须通过规划和政策引导促进资源型产业一体化发展。积极引导和支持关联性强的资源型主导产业发展，实现资源型产业结构的一体化发展。通过合理的产业规划，促进资源型产业合理集聚，形成区域范围内资源型产业互利共生发展。首先，根据新疆产业发展重点，遵循主体功能区规划原则，充分考虑资源环境条件和环境承载能力，合理布局新疆资源型产业，重点在天山北坡、东疆吐鲁番—鄯善—哈密、巴州—阿克苏规划发展资源型产业。其次，按照合理布局、科学规划、适度集中、资源和生态可持续发展的原则，推进资源型产业园区化，园区集聚化，促进园区经济与新型城镇化建设相协调，使之有利于促进产业集聚、有利于提升企业技术水平和创新能力、有利于产业共生的资源型产业规划布局。最后，加强资源型产业生态园区规划。国家级园区要加强技术创新，延伸产业链，加大产业结构调整，进一步提高投资密度和单位面积产出率，提升集约化水平；自治区级园区要加强科学引导、规范运作，合理选择产业定位，突出园区特色；利用对口援疆机制，加快地州和市（县）对口援疆园区建设，积极承接促进资源型产业清洁发展和共生发展的产业转移；依托园区规划建设一批竞争力强、规模大、能参与国际国内分工的资源型产业集群。

9.1.4 建立多元化投融资机制

通过对促进新疆资源产业生态化发展的投融资体制进行改革，提高投融资政策对新疆资源产业生态化发展的支持效果。政府和金融部门应当设立专项的绿色财政和绿色信贷资金，对有关新疆资源型产业生态化发展的重大项目和技术开发、产业化基础等示范项目，给予更多的绿色财政资金和绿色信贷资金的支持。通过构建多层次的融资体系规范引导不同经济成分的社会资金和各类投资主体，以独资、合资、参股或控股的形式参与资源产业生态化发展重大项目建设；积极开展债券融资业务、先进设备的租赁融资业务，鼓励有条件的循环经济型资源类企业通过优先上市获得融资；鼓励风险投资事业快速发展，为资源类高科技中小企业提供创业发展资金。鼓励成立区域性的专业金融机构，形成有利于资源型产

业生态化发展的区域性金融体系，支持新疆融资性担保公司、再担保公司、股权托管中心及中小型创业投资公司、股权投资公司、股权投资管理公司和小额贷款公司对于资源型产业价值链延伸企业、工业废弃物循环利用企业和企业清洁生产项目的支持。支持新疆发展信托融资、租赁融资和以信托、租赁为基础的理财产品，创新资源型企业融资手段。根据不同区域的要素禀赋条件在区域间进行合理分工，建立有利于要素合理配置的区域金融市场流通体系，促进资金跨区域自由流动以提高资金的配置效率。

9.1.5　建立差别化价格机制

要制定有利于促进资源产业生态化发展的价格机制。将推进资源产权的市场化改革作为突破口，科学合理地制定出资源价格，使其能够正确反映资源的供求状况、稀缺程度和社会成本，在能源市场供应和可持续利用等方面发挥出价格机制的调节作用，使得无论是资源开发类企业还是资源消费类企业，都能够自觉地进行资源的集约开发和高效利用。落实“中央 9 号文件”提出的将新疆维吾尔自治区和新疆生产建设兵团农网改造、无电地区电力建设中的国债转贷资金转为国家拨款，对无力偿还且符合现行政策的商业贷款经审核后按规定程序核销。支持新疆推进直购电试点。降低新疆输配电价，支持国家及自治区级产业园区建设自备电厂，以特定价格向园区内企业供电、供热；在统筹考虑环境、技术、用水等因素的前提下，支持资源循环利用企业根据用电和用热需要建设自备电厂。对于污染排放量大、资源利用效率低的企业实行高电价。制定严格的用水超定额加价制度，推行累进加价的收费政策。

9.2　完善资源型产业生态化发展政策法规体系

9.2.1　完善财政支持政策

资源型产业生态化发展需要从横向和纵向角度对产业进行重组，一方面应当出台相关产业政策，对资源消耗量大、排污量大又没有改造前途的企业进行淘汰，另一方面对能够节约资源、降低废弃物排放的企业给予相应的政策支持。建立完善的保障资源产业生态化发展的产业政策，包括资源（包括伴生资源）集约开采和加工利用政策、废弃物再生资源产业（静脉产业）政策、资源型产业内资源循环利用和清洁生产政策、资源产业布局和产业结构政策等多项内容。为此，首先，对资源集约开采与综合利用以及废弃物循环使用政策进行科学制定，遵循先循环利用再无害化处理的原则，明确对资源和伴生资源进行集约开采以及加工利用的合理顺序流程，对废弃物处置的优先顺序进行合理的安排。其次，对资源型产业内资源循环利用和清洁生产政策进行完善，在资源类企业和园区层面，建立与推广物质流核算机制和清洁生产审核机制。再次，对资源产业科学布局和产业结构优化政策进行制定以及对新疆区域内的资源产业布局进行科学决策和合理调整，进一步推动资源型产业结构的优化，引导和培育资源（包括伴生资源）高技术企业快速发展，通过资源型产业的不断集聚，使得产业共生的生态效应充分发挥出来，打造有利于实现资源高效利用的资源型产业生态系统。最后，完善产业横向和纵向重组政策，充分发挥政府主体协调作用，通过企业之间的重组整合，加强生态规划和科学分工协作，提高产业的集约化程度，达到有效配置经济资源和产业内优势互补，增强经济竞争力，对新疆资源型产业组织、发展模式、经济资源利用等进行战略性重组和调整，逐步形成资源共享、产业互补、生态共建、各具特色、协调发展的产业生态化发展机制。

落实中央差别化产业政策。在严格执行环保、节能和资源综合利用标准前提下，对新疆具有资源优势、外部市场需求的煤化工、石油化工、电力等产业的新建和改扩建项目，尤其是能够延长新疆资源型产业产业链、循环利用工业废物的项目适当降低准入门槛。对于部分现行国家产业政策未列入鼓励类，但市场前景广阔、经济拉动作用明显、能够融入产业共生系统、就业吸纳能力突出的项目，支持其在新疆适度发展。

9.2.2 完善生态补偿政策

按照谁开发谁保护，谁污染谁治理的原则，完善新疆资源型产业发展的生态补偿政策。一是完善市场补偿机制，强化市场经济条件下资源开发利用企业直接补偿体系，制定严格的生态补偿标准，按照资源型企业开采的矿产资源数量和环境的破坏程度，要求其支付生态环境恢复的补偿资金。二是明确财政资金在生态补偿中的支出范围，重点支持环保技术推广和环保产业发展，加快生态环境治理与保护技术的研究开发与应用推广。三是结合新疆资源环境特点，将生态保护与建设、自然资源开发与管理、生态环境资金的投入与补偿制度进行统一的规定和协调，确保生态补偿工作顺利推进。四是建立生态补偿资金，按照资源型企业每年增量征收一定比例的生态补偿资金，生态补偿资金的使用要发挥政府的主导作用，积极鼓励企业投资开发生态治理项目，引导企业进行清洁生产和废弃物的循环利用。

9.2.3　完善税收优惠政策

制订并完善促进资源型产业生态化发展的财政税收政策。一是加大政府向资源产业生态化发展所需的配套公共工程项目投资的力度，减轻资源型产业生态化发展的初期成本压力，从而充分调动企业参与资源产业生态化发展的积极性。对于重大的资源产业生态化发展项目，政府财政应给予更多的奖励和扶持政策，对资源产业生态化发展所需的弱小补链企业，政府应通过加大对其产品的采购力度的形式给予支持，对有利于资源型产业生态化发展的新工艺、新技术和新设备的研发和推广应用，政府应加大财政专项资金的投入和补贴力度。二是通过改革税制使税法不断完善。首先是初始资源税依法进行调整，通过大幅度地提高资源税税率的形式，力争从源头上控制资源的过度消耗，同时将税收优惠更多地向资源产业生态化发展相关产品倾斜，鼓励和引导企业积极地参与到资源产业生态化发展的实践中。三是加大对产业生态园区的财税支持力度。自治区在年度财政预算内，有计划地逐年增加对产业生态园区“园区专项资金”规模，用于资源型产业生态园区的规划补助、基础设施贷款贴息、公共服务平台建设补助。各级政府财政应建立本地“园区发展专项资金”和“园区独立财税”，用于保障资源型产业生态园区的资金投入。“中小企业发展”、“运价支持”和“节能减排”等自治区其他支持新型工业化建设的各类专项资金应集中向资源型产业生态园区倾斜。

9.2.4　建立健全法律法规

完善的法律法规是保障产业生态化发展的根本要素，现阶段我国与产业生态化发展相关的法律仅有循环经济法律法规，还很不完善，与此相对应的地方性法律法规更是匮乏，为了保障新疆资源型产业生态化发展，需要重点做好以下几方面的工作：一是加强地方性配套法规体系建设。根据新疆实际情况，在国家《循环经济促进法》等相关法律框架内，尽快制定出相应的地方性促进资源型产业生态化发展的法规和实施细则。二是开展严格规范的执法活动。在推动新疆资源产业生态化发展的过程中，各级政府要以身作则，严格规范地执行现行的法律法规，政府及相关管理机构的职能和执法地位要清晰明确，符合法律法规的要求；加快建立健全行政执法的各项制度，包括通知制度、公开制度、听证制度、审核制度、复议制度和责任制度等，从而促进行政执法的程序化和规范化；强化执法的强制力并进一步加大执法力度，严格遵照资源开发利用的设计规范标准和具体要求，对资源开发利用各环节，依法开展定期与不定期相结合的执法和监督检查，对于浪费资源能源和污染环境的违法行为，要毫不留情地进行坚决地查处，保证在执法和监督活动中效果明显并且奖惩分明。三是完善项目建设管理制度，加快淘汰落后产能，从源头上控制高耗能、高污染项目的盲目扩张，确保新建、改建项目符合节能环保规范标准，促进企业应用先进低碳技术、清洁生产技术和信息技术对高消耗、高污染的传统产业进行升级改造，推广一批潜力大、应用面广的重大节能减排技术，减少工业生产过程中的资源能源消耗和污染物排放，提高资源利用效率。

完善资源型产业园区建设土地管理制度。落实“中央9号文件”提出的新疆各项土地使用优惠政策。国家适当增加新疆的建设用地规模和新增建设用地占用未利用的指标，保障资源型产业大型企业及园区建设用地需求。对新疆利用荒山、荒沟、荒丘、荒滩和戈壁滩开发建设产业园区和开展项目建设，由地方政府确定用地指标，免交土地使用税和土地出让金。支持新疆各类国家级园区根据国家土地法律法规，开展自行确定工业用地价格试点。

9.3 建立健全资源型产业生态化发展科技创新体系

9.3.1 建立科技人才培养机制

强化产业生态化创新型人才支撑体系建设。支持新疆工科类院校建设，加强重点、特色学科和紧缺人才专业建设，组建工科类本科院校，支持有条件的工科类高职院校举办本科层次高职教育，以培养更多高素质的工科专业技术人才和技能人才。支持引进一批能够突破关键技术、发展重点产业、带动新兴学科的优秀科学家、企业家、创新创业领军人才和各类高层次紧缺人才。加大对新疆国家级示范、骨干高职及中职院校基础能力建设的支持力度，加大中央财政对新疆第二产业公共实训基地建设的投入，建成集职业教育、职业培训、技能鉴定、技能竞赛为一体的、“产学研”相结合的技能人才培养培训综合基地。另外，协调对口援疆省区建立“职业院校对口协作”工作制度，支持新疆重点特色专业建设和“双师”型教师职业能力培养，提高技能人才培养质量。加大中央财政对新疆职业院校困难学生的资助力度。

9.3.2 建立科技研发机制

建立完善产业生态化发展科技研发体系。一是积极推进科技创新平台建设。依托新疆各级各类高校和各级各类科研机构的重点实验室和工程技术中心，以及相关企业的研发中心等机构进行科技创新活动，鼓励和支持有能力的高校和科研

院所以及相关企业申请设立资源产业生态化发展研发中心和重点实验室，通过建设科技创新平台来引导企业与科研院所加强彼此之间的紧密合作，积极推动产学研一体化联盟建设，使平台的科技研发和成果转化功能、技术推广和人才培养的功能都得以充分发挥。二是要加大科技创新研发资金的投入力度，建立长效的财政性科技投入稳定增长机制，鼓励和支持企业大幅度增加相关的科技研发资金，规范有序地引导社会力量参与科技研发活动，支持资源类高新技术产业快速发展和传统资源产业的高新化改造，提升新疆资源产业生态化发展的科技含量。三是重点对资源产业生态化发展共生和关键技术进行研发。加快研发解决产业共生技术、企业清洁生产技术、环境污染治理技术、资源开采弃地生态修复及再开发技术、能量梯级利用技术等共性技术“瓶颈”，重点组织研发新疆优势资源集约开发利用技术、共伴生资源的分采分选及资源化技术、资源副产品和废弃物的再资源化和综合利用技术、有毒有害原材料替代技术、产业集群和链接技术等绿色关键技术体系，突破新疆资源产业生态化发展的技术瓶颈制约。

9.3.3 建立科技应用机制

建立健全产业生态化发展科技应用体系，促进产业生态化相关技术创新转化为现实生产力。重点从以下两个方面着手：一是规范科技应用体系，做好科技成果的商业化应用，这就要求规范科技成果转化的渠道，引导中介组织和风险基金等规范参与科技成果的商业化，加快科技成果的转化进程，明确科技成果研发各主体的责权利关系，对科技成果的推广应用部门的责权利也要明确，通过加强科技应用体系的规范化运作，不断提高新疆资源产业生态化发展科技水平。二是加强科技应用体系的信息化建设，重点是加快新疆资源产业的信息化建设，以信息化促进资源产业循环经济所需的各类科学技术的快速传播，加速相关科技成果的商业化转化和推广应用，同时通过加强信息化建设来促进资源型产业生态化发展速度和质量，在生产的组织实施和管理过程中充分运用计算机辅助技术和工业过程控制技术，对生产全过程采取数字化、智能化和柔性化的实时监控，提高精细化管理水平，以平衡资源开发利用过程中各种资源的使用和能量的消耗，提高资源利用的效率并降低能源的消耗。依托现代化的信息技术搭建信息共享的平台，以便于园区和企业及时发布中间副产品和废弃物等方面的信息，引导补链企业参与生产活动，促进循环产业链的不断完善，实现副产品和废弃物等最大限度的再资源化利用，而生产的最终废弃物排放显著减少。

9.3.4 构建科技公共服务平台

推动完善产业生态化发展公共服务设施，实现资源型产业园区污水、垃圾和废弃物的集中处理，水、热、气集中供应，信息、技术及各类服务共享。加快污水处理工程和污水管网建设，提高工业污水入管率，合理布局再生水管道，加快建设用于城市绿化、保洁和环境卫生的再生水基础设施建设。加快区域废物交换平台和交易中心建设，重点培育资源相对集中区域的资源型产业固体废物交易市场和物流中心，建立危险物统一收运平台。加快废物交换及产业共生中介服务系统建设，建立废物交换信息系统、专家咨询系统。推动资源型产业生态化发展的信息基础设施建设，依据资源型产业类型，加快区域范围内、园区范围内循环经济数据库建设，建立行业有关技术、标准规范、政策法规、重点项目等数据库，促进资源型产业信息化网络平台建设，提升企业应对市场变化的能力。

9.4 建立资源型产业生态化发展的行政管理体系

9.4.1 建立组织协调机制

产业生态化发展是一个长期系统工程，各级政府要进一步加强组织领导，尽快建立资源型产业生态化发展的组织保障，明确各级政府部门对资源型产业生态化发展的责任，加强宏观管理，落实好各项政策，进行科学指导。一方面，在区域范围内建立资源型产业生态化发展领导小组，协调、规划、指导区域产业园区建设和产业投资方向，促进区域范围内生态产业链的形成，进而增强产业实力，激发资源型产业生态化发展的内在动力。另一方面，建立跨市、县（区）的联席会议制度。以目前的“北疆西部区域融合发展论坛”为平台，加强市、县之间在环境保护、节能减排和资源共享等领域的沟通协调，同时促进跨区域的重大基础设施的统筹规划。

加强自治区与中石油、中石化高层协调机制，就石油天然气资源型产业发展战略和重大项目进行沟通和衔接以及签订协议、设立常设协调机构等方式以及与中央直属企业多方面合作，推进油地之间的产业链匹配，石化、煤化工原料互供，合资建设石油化工项目，合作建设基础设施配套的融合发展。尤其是在新疆煤制天然气生产企业的产品外输、推动乌石化 PTA 项目建设工作以及奎屯——独山子石化园区重大石化下游龙头项目建设所需原材料供给等问题上高层磋商与协调。

9.4.2 建立统计考核机制

加强和完善资源型产业能源资源、水资源的消耗以及节能、节水的统计工

作，完善产品生命周期评价和物质流评价的产业生态化发展经济评价指标体系，开展以资源环境效率评价资源型产业生态化发展的统计工作。建立资源型产业统计监测制度，加强资源消耗、综合利用和废物产生的统计监测，完善资源型产业节能减排计量技术规范的制定和修订。按照目前的资源型产业总体技术水平，制定不同类型资源型产业能耗、水耗标准。完善资源型产业循环共生的奖惩制度，对于促进资源型产业清洁生产和循环共生的企业给予一定的奖励，对于破坏资源、严重污染环境的行为予以曝光，并进行处罚。每年对自治区的资源型产业生态园区产业循环共生发展进行评估，检查落实情况，分析存在的问题，进而提出下一步的支持措施与计划。

9.4.3　创新监督管理机制

完善资源型产业生态化发展的准入机制，建立市场准入标准和合格评定制度，对达不到环保和能耗要求的产业项目不予审批，对能够促进资源型产业共生、充分利用资源型产业废物、节能环保装备制造和产业循环共生中介服务企业降低准入门槛。建立固定资产投资项目节能评估和审查制度，开展开工项目的节能、节水评价，从资源型产业系统的角度综合审核工程项目的环境影响评价，严禁新开工项目使用低效、高耗能的工艺和设备。支持推广重点节能减排技术和高效节能环保产品。严格执行清洁生产评价制度，支持资源型产业实施节能技术改造。建立高耗能、高耗水落后设备、工艺和技术的强制淘汰制度。对于企业使用的无污染或少污染的生产设备实行加速折旧办法；对资源型产业实行严格的定额管理，明确单位产量的能耗、水耗和污染排放标准。加强社会舆论和媒体监督，完善企业绿色生产信息披露、绿色产品信息披露、治污排污信息披露制度。建立项目审批的部门联合会审制度，对于资源型产业项目审批要联合发改委、工业信息化委员会和环保厅进行联合审查，协调经济发展与生态环境保护之间的矛盾。建立针对环境保护和资源利用相关重大决策的监督和责任追究制度，充分发挥人大、政协和社会舆论监督作用，加强对发展与环境重大决策的监督，对出现重大环境问题或污染事故的，要追究相关人员责任。此外，要加大对环境保护的执法力度，实行严格的污染排放许可证制度，严肃查处各种浪费资源、破坏环境的违法违规行为。

第 10 章　结论与展望

10.1　结论

新疆是我国资源富集地区，优越的资源禀赋条件奠定了新疆资源型产业发展的基础，石油天然气开采、石油化工、煤化工等都是新疆最具特色的优势产业。油气资源的开发和综合利用已成为新疆经济发展的主导产业和支柱产业，促进了新疆经济和社会的快速发展。但是，以资源的开发利用为主的工业化过程，也造成了新疆经济发展的“高耗能、高排放、低产出，资源利用率低”的特征。新疆资源型产业生态化发展应当立足资源型产业生态系统的实际状况、生态化发展的水平及其经济和社会绩效，从产业生态化发展的影响因素着手，探索产业生态化发展路径构建的原则、思路与重点，构建有效的产业生态化发展路径，最大化资源型产业的资源利用效率，最小化资源型产业发展对生态环境造成的破坏，实现资源型产业发展的经济效益、社会效益和生态效益的统一。通过对新疆资源型产业生态化发展路径的研究，本书得到的主要结论如下：

（1）通过资源型产业生态系统的完善能够提升资源利用效率，保护生态环境；优化产业结构，促进产业升级；优化产业布局，促进产业集群发展。新疆资源型产业生态系统特征突出，即产业生态系统的经营主体以国有及国有控股工业企业为主、产业生态系统基本处于资源型产业上游、产业生态系统以单一资源为依托。新疆资源型产业生态系统存在一定的缺陷，主要体现在产业缺乏多样性、能量流动链条短、产业生态系统的构成要素互补性较差。

（2）新疆资源型产业逐渐由以淘汰落后产能为基础，积极地推进清洁生产为手段的产业生态化发展路径转向以循环经济和产业共生发展为导向的园区建设以及大企业、大集团的产业生态化发展路径。新疆资源型产业生态化发展总体水平较低，增长缓慢。资源型产业生态化发展的资源效率和环境效率差距在不断缩小，资源效率相对水平较高，增长缓慢；环境效率相对水平较低，但增长较快。不同类型资源型产业生态化发展水平差距较大，石油、天然气资源型产业生态化发展水平较高，煤炭开采和洗选业，化学原料和化学制品制造业，化学纤维制造业，电力、热力生产供应业四类资源型产业生态化发展水平总体较低，其中煤炭开采和洗选业、化学原料和化学制品制造业产业生态化发展水平趋于恶化，化学纤维制造业和电力、热力生产供应业产业生态化水平趋于提升，但增长较慢。资源型产业生态化发展水平演进的过程中呈现出以下几个方面的特征：国有大中型企业支撑作用突出、不同类型资源型产业生态化发展水平演进速度差异较大、产业生态化发展水平演进主要依赖于环境污染治理。

（3）资源型产业生态化发展宏观经济绩效显著，产业生态化发展水平及其环境效率能够有效地促进新疆经济增长，资源效率对新疆经济增长的促进作用还不显著；资源型产业生态化发展的微观经济绩效呈现负向的特征，产业生态化发展总体水平及其环境效率的提升导致资源型企业利润水平的降低，资源效率对企业的利润影响不显著。新疆资源型产业生态化发展的社会绩效显著，产业生态化发展水平及其环境效率能够有效地促进资源型产业发展的社会效益的提升，资源效率的社会效益还不显著。

（4）新疆资源型产业生态化发展影响因素可以分为节点层、网络层和外围层三个层次，影响作用最大的是网络层的产业集聚发展，其次是外围层的经济发展，两者对产业生态化发展总体水平、资源效率和环境效率均产生显著的正向促进作用；影响因素的作用从大到小依次是资源型加工业产值比重、研发经费投入比重、国有及国有企业产值比重、污染治理投资比重和节能环保财政支出；三个层次的影响因素的作用由外向内逐渐传递。节点层是关键影响因素，该层次资源型产业研发经费投入比重和工业污染治理投资比重对资源型产业生态化发展影响是显著的，与理论假设完全一致，环境污染治理投资对于产业生态化发展总体水平以及环境效率产生正向的推动作用，研发经费投入则只对环境效率产生正向的推动作用。节点层影响因素对资源型产业生态化发展资源效率的影响却不显著。网络层是重要的影响因素，该层次的产业集聚发展对产业生态化发展水平、资源效率和环境效率均产生正向的推动作用，资源型加工业产值比重增加降低了产业生态化发展总体水平和环境效率。外围层是基础影响因素，该层次的经济发展、国有及国有企业产值比重以及节能环保财政投入对新疆资源型产业生态化发展影响是显著的，而且与前面的理论假设完全一致，即新疆经济发展、国有及国有控股企业产值比重的降低以及节能环保财政投入增加能够有效地促进产业生态化发展，其中经济发展对资源型产业生态化发展总体水平、资源效率和环境效率的影响均是正向的，国有及国有控股企业产值比重降低能够有效地提升资源型产业生态化发展的总体水平和资源效率，节能环保资金投入对资源效率的影响是正向的。

（5）新疆资源型产业生态化发展应当以实现资源型产业内部协调发展、资源型产业与自然协调发展、资源型产业与社会协调发展为目标，产业生态化发展路径的构建应当遵循政府引导和市场化推进相结合、优先确保绿洲生态安全、循环利用、减量化、系统性、效益综合性原则，以产业活动与生态环境统一、构建完善的资源型产业生态系统、优化资源型产业能量流动体系、构建完善的资源型产业生态化发展机制为产业生态化发展路径构建的思路，以产业创新能力的提升、区域产业共生体系的构建、循环产业链的构建和产业经济效益的提升为产业生态化发展路径构建的重点。

（6）新疆资源型产业生态化发展要从资源型产业生态系统的节点层、网络层和外围层着手，通过技术创新、生态工业园区建设、产业结构优化、区域副产品交换和区域循环产业集群构建的产业生态化路径，最后形成一个结构合理、层次多样、功能完善的，能够促进物质和能量在自然—经济系统内高效循环和流动的产业生态化系统。保障资源型产业生态化发展路径的顺利实施，需要构建资源型产业生态化发展的市场体系、完善资源型产业生态化发展的政策法规体系、建立资源型产业生态化发展的科技创新体系、建立资源型产业生态化发展的行政管理体系。

10.2 展望

本书在产业生态学及其相关理论的指导下，从新疆资源型产业生态系统出发，探索新疆资源型产业生态化发展的路径及其保障措施，这具有一定的理论和现实意义。但是，由于个人的能力和资料搜集等方面的限制，研究尚存在一些不足之处。今后尚需对以下几个方面的问题进行深入研究：

第一，企业和园区层面的资源型产业生态化发展研究。本书对于资源型产业生态化发展路径的研究主要从区域层面分析资源型产业发展水平、绩效及其影响因素，而对于企业层面和园区层面的产业生态化发展研究则相对较少，这是今后重点研究的方向，尤其是基于企业规模差异、技术条件差异和资源条件差异的产业生态化发展路径研究将对新疆资源型产业生态化发展更具有针对性的实践价值。

第二，新疆资源型产业生态系统运行机制研究。产业生态系统的高效运行是产业生态化的具体表现形式，也是产业生态化发展的重要目标。资源型产业生态系统的运行应当同时追求生态效益、经济效益和社会效益，本书从生态系统的角度构建了产业生态化发展的三个层次的影响因素及其作用机理，但是进一步制定操作性更强的产业生态化发展对策建议，需要全面地分析资源型产业生态系统的运行机制。

第三，产业生态化资源效率确切而深入的评价。由于关于资源型产业生态化的污染排放和产出指标数据并不是很完善，对指标设置具有一定的限定性。此外，本书运用熵值法只是衡量产业生态化资源效率的相对数值，反映其动态的变化趋势，资源效率的测算结果相对较高，但这并不能说明新疆资源型产业的资源利用效率已经达到很高的水平，还需要制定严格的标准，构建完善的指标体系，确切地评价资源型产业生态化发展的绝对和相对资源效率。

参考文献

［1］张复明：《资源型经济转型：难点、目标和动力》，《科技导报》，2000年第11期，第56－60页。

［2］黄志斌、王晓华：《产业生态化的经济学分析与对策探讨》，《华东经济管理》，2000年第3期，第7－8页。

［3］郭守前：《产业生态化创新的理论与实践》，《生态经济》，2002年第4期，第34－37页。

［4］厉无畏、王慧敏：《产业发展的趋势研判与理性思考》，《中国工业经济》，2002年第4期，第5－11页。

［5］厉无畏、王振：《中国产业发展前沿问题》，上海人民出版社2003年版。

［6］樊海林、程远：《产业生态——一个企业竞争的视角》，《中国工业经济》，2004年第3期，第29－36页。

［7］肖焰恒、陈艳：《生态工业理论及其模式实现途径探析》，《中国人口·资源与环境》，2001年（第11卷）第3期，第100－103页。

［8］袁增伟、毕军等：《传统产业生态化模式研究及应用》，《中国人口·资源与环境》，2004年（第14卷）第2期，第108－111页。

［9］厉无畏、王振：《转变经济增长方式研究》，学林出版社2006年版。

［10］张乾：《区域资源型产业集群形成与优化发展研究》，兰州大学博士学位论文，2008年。

［11］卢国懿：《资源型产业转型与区域经济发展研究——以北京市房山区为例》，中国地质大学博士学位论文，2011年。

［12］郑大勇：《我国数字电视产业发展路径研究》，清华大学博士学位论文，2005年。

［13］格雷德尔、艾伦比：《产业生态学》（第2版），施涵译，清华大学出版社2004年版。

[14] 鲍健强、苗阳、陈峰：《低碳经济：人类经济发展方式的新变革》，《中国工业经济》，2008 年第 4 期，第 153 - 156 页。

[15] 王锋正、郭晓川：《资源型产业集群与内蒙古经济发展》，《工业技术经济》，2007 年第 1 期，第 51 - 53 页。

[16] 王海飞：《我国西部矿产资源开发现状及可持续发展对策》，《中国矿业》，2009 年第 2 期，第 16 - 18 页。

[17] 殷俐娟、王海军：《西部矿业结构调整与优化》，《西部资源》，2007 年第 6 期，第 6 - 8 页。

[18] 赵林飞：《产业生态化的若干问题研究》，浙江大学硕士学位论文，2003 年。

[19] 袁增伟、毕军：《产业生态学最新研究进展及趋势展望》，《生态学报》，2006 年第 8 期，第 2710 页。

[20] 周文宗、刘金娥、左平、王光：《生态产业与产业生态学》，化学工业出版社 2005 年版。

[21] 袁增伟、毕军、黄珠赛等：《生态产业评价指标体系研究及应用》，《生产力研究》，2004 年。

[22] 王寿兵、吴峰、刘晶茹：《产业生态学》，化学工业出版社 2006 年版。

[23] 达夫特：《组织理论与设计精要》，李维安译，机械工业出版社 1999 年版。

[24] 邹伟进、陈伟、郭明晶：《我国钢铁产业生态化水平的评价》，《统计与决策》，2010 年第 8 期，第 113 - 116 页。

[25] 李娣、胡拥军、肖中良：《长株潭区域产业生态化发展评价与对策研究》，《开放导报》，2010 年第 1 期，第 101 - 105 页。

[26] 肯 · 巴斯金：《公司 DNA：来自生物的启示》，刘文军译，中信出版社 2001 年版。

[27] 刘红光、刘卫东、刘志高：《区域间产业转移定量测度研究——基于区域间投入产出表分析》，《中国工业经济》，2011 年第 6 期，第 79 - 88 页。

[28] 中国社科院工业经济研究所：《中国工业发展报告——中国工业改革开放 30 年》，经济管理出版社 2008 年版。

[29] 李有润、胡山鹰、沈静珠等：《工业生态学及生态工业的研究现状及展望》，《中国科学基金》，2003 年第 4 期，第 208 - 210 页。

[30] 李同升、韦亚权：《工业生态学研究现状与展望》，《生态学报》，2005 年第 4 期，第 869 - 877 页。

[31] 马尔萨斯：《人口原理》，商务印书馆 1961 年版。

［32］马歇尔：《经济学原理》，商务印书馆 1983 年版。

［33］米都斯等：《增长的极限》，李保恒译，吉林人民出版社 1997 年版。

［34］诸大建：《建设绿色都市：上海 21 世纪可持续发展研究》，同济大学出版社 2003 年版。

［35］宋冬林、汤吉军：《沉淀成本与资源型城市转型分析》，《中国工业经济》，2004 年第 6 期，第 58 – 64 页。

［36］李天舒、王宝民：《东北地区资源型产业发展现状及对策研究》，《内蒙古社会科学》（汉文版），2003 年第 2 期，第 97 – 100 页。

［37］马俊：《西部环境与经济增长关系研究》，《西北民族研究》，2005 年第 3 期，第 185 – 186 页。

［38］杜姝睿：《西部生态环境发展现状与经济发展对策》，《山西科技》，2007 年第 5 期，第 9 – 10 页。

［39］孙军、胡汉辉：《产业可持续发展分析》，东南大学出版社 2003 年版。

［40］罗珉：《组织理论的新发展——种群生态理论的贡献》，《外国经济与管理》，2000 年第 3 期，第 7 – 8 页。

［41］王瑞贤、罗宏等：《国家生态工业示范园区建设的新进展》，《环境保护》，2003 年第 3 期，第 53 – 56 页。

［42］滕藤：《生态经济与相关范畴》，《生态经济》，2002 年第 12 期，第 2 – 6 页。

［43］刘力、郑京淑：《产业生态研究与生态工业园发展模式初探》，《经济地理》，2001 年第 5 期（第 21 卷），第 620 – 623 页。

［44］张艳辉：《基于生态学视角对产业经济理论的重新解释》，《产业经济研究》，2005 年第 4 期，第 30 – 37 页。

［45］王兆华、尹建华、武春友：《生态工业园中的生态产业链结构模型研究》，《中国软科学》，2003 年第 10 期，第 149 – 153 页。

［46］张文龙：《城市化与产业生态化耦合发展研究》，暨南大学博士学位论文 2009 年。

［47］武兰芳、欧阳竹等：《生态农业发展新思路》，《中国生态农业学报》，2004 年第 1 期（第 12 卷），第 26 – 28 页。

［48］袁增伟、毕军、王习元等：《生态工业园区生态系统理论及调控体系研究》，《生态学报》，2004 年第 11 期（第 24 卷），第 2501 – 2508 页。

［49］元炯亮：《生态工业园区评价指标体系研究》，《环境保护》，2003 年第 3 期，第 38 – 40 页。

［50］刁晓纯、苏敬勤：《产业生态网络实施效果的实证研究》，《科学学与

科学技术管理》，2007 年第 11 期，第 139 - 143 页。

[51] 高全成：《西部地区产业生态化调整与升级》，《西安财经学院学报》，2006 年第 6 期（第 19 卷），第 20 - 22 页。

[52] 徐嵩龄：《世界环保产业发展透视：兼谈对中国的政策思考》，《管理世界》，1997 年第 4 期，第 177 - 187 页。

[53] 仲丛友：《生态工业园的集成效应与发展策略研究》，《现代财经》，2006 年第 3 期，第 57 - 58 页。

[54] 徐嵩龄：《环境产业兴起与我国的政策选择》，《中国人口 · 资源与环境》，2000 年第 3 期，第 99 - 103 页。

[55] 孔令丞、谢家平：《产业生态化：人工产业系统的生态性回归》，《生态经济》，2005 年第 2 期，第 55 - 58 页。

[56] 诸大建、朱远：《循环经济：三个方面的深化研究》，《社会科学》，2006 年第 4 期，第 52 - 53 页。

[57] 夏涛：《循环经济与西部地区新型工业化》，《经济纵横》，2007 年第7期，第 132 - 133 页。

[58] 李云燕：《产业生态系统的途径构建与管理方法》，《生态环境》，2008 年第 4 期，第 1707 - 1708 页。

[59] 邓伟根、王贵明：《产业生态理论与实践——以西江产业带为例》，经济管理出版社 2005 年版。

[60] 马世骏、王如松：《社会经济与自然复合生态系统》，《生态学报》，1984 年第 4 期，第 1 - 9 页。

[61] 李江涛：《“产能过剩”治理的产业深化创新途径》，《中国经济时报》，2006 年第 5 期，第 6 - 29 页。

[62] T. E. Graedel，B. R. ALLenby：《产业生态学》，施涵译，清华大学出版社 2004 年版。

[63] 邓南圣、吴峰：《工业生态学——理论与应用》，化学工业出版社 2002 年版。

[64] Braden R. Allenby：《工业生态学——怎样实施超工业社会的可持续发展》，徐兴元译，经济日报出版社 1999 年版。

[65] Ernest Lowe，耿勇：《工业生态学与生态工业园》，化学工业出版社 2003 年版。

[66] Suren Erkman：《工业生态学——怎样实施超工业社会的可持续发展》，徐兴元译，经济日报出版社 2015 年版。

[67] 李博主编：《生态学》，高等教育出版社 2000 年版。

［68］莱斯特·R. 布朗：《生态经济：有利于地球的经济构想》，林自新等译，东方出版社 2002 年版。

［69］Paul Hawhen，Amory Lovins，L. Hunter Lovins：《自然资本论：关于下一次工业革命》，王乃粒等译，上海科学普及出版社 2000 年版。

［70］宋帅官：《产业共生网络与新产业区的生态工业》，《环境保护与循环经济》，2008 年第 2 期，第 14 页。

［71］吴一平、段宁、乔琦等：《全新型生态工业园区的工业共生链网结构研究》，《中国人口·资源与环境》，2004 年第 2 期，第 126－127 页。

［72］Herman E. Daly：《超越增长：可持续发展的经济学》，诸大建等译，上海译文出版社 2001 年版。

［73］张雪梅：《关于西部地区发展生态工业园区的思考和建议》，《西北人口》，2004 年第 3 期，第 49－51 页。

［74］邓伟根、王贵明：《产业生态学导论》，中国社会科学出版社 2006 年版。

［75］邓伟根：《产业生态：产业经济学研究的第四个领域》，《产经评论》，2010 年第 1 期，第 54－59 页。

［76］朱启贵：《可持续发展评估》，上海财经大学出版社 1999 年版。

［77］王如松、杨建新：《从褐色工业到绿色文明》，上海科学技术出版社 2002 年版。

［78］蔡伟民、郭玉坤、牛菊芳：《西部区域产业生态理论及应用研究》，中国农业出版社 2007 年版。

［79］宋涛、韩良、佟连军等：《生态学范式下的清洁生产、产业生态和循环经济分析》，《生态与农村环境学报》，2007 年第 3 期（第 23 卷），第 89 页。

［80］王寿兵：《中国复杂工业产品生命周期生态评价——方法与案例研究》，复旦大学博士学位论文，1999 年。

［81］Booz Allen，Hamilton Ine：《美国系统工程原理》，王若松等译，北京航空航天大学出版社 1991 年版。

［82］段宁、孙启宏、傅泽强等：《我国制糖（甘蔗）生态工业模式及典型案例分析》，《生态科学研究》，2004 年第 4 期（第 17 卷），第 29－33 页。

［83］杨建新、徐成、王如松：《产品生命周期评价方法及应用》，气象出版社 2002 年版。

［84］虞震：《我国产业生态化路径研究》，上海社会科学院博士学位论文，2007 年。

［85］张雪梅：《中国西部地区产业生态化的发展路径研究》，兰州大学博士

学位论文，2009 年。

［86］周建安：《我国产业结构演进的生态发展路径选择》，暨南大学博士学位论文，2007 年。

［87］卢晓彤：《中国低碳产业发展路径研究》，华中科技大学博士学位论文，2011 年。

［88］杨丽丽：《汽车产业生态化研究》，吉林大学博士学位论文，2007 年。

［89］戴锦：《产业生态化理论与政策研究》，东北财经大学博士学位论文，2004 年。

［90］陆根尧、盛龙、唐辰华：《中国产业生态化水平的静态与动态分析——基于省际数据的实证研究》，《中国工业经济》，2012 年第 3 期，第 147 - 159 页。

［91］王晶、孔凡斌：《区域产业生态化效率评价研究——以鄱阳湖生态经济区为例》，《经济地理》，2012 年第 12 期，第 101 - 107 页。

［92］王晶：《鄱阳湖生态经济区产业生态化研究》，江西财经大学博士学位论文，2013 年。

［93］杨天翔、马小雪、张韦倩、冯述青、钱晓雍、王寿兵：《环淀山湖区域产业生态化发展战略研究》，《复旦学报》（自然科学版），2013 年第 1 期，第 94 - 98、第 104 页。

［94］郭景福：《“新产业区”产业生态化路径研究》，《生态经济》，2013 年第 10 期，第 140 - 143 页。

［95］冯琳、孙宝生：《新疆工业循环经济建设研究》，《中国人口·资源与环境》，2009 年第 6 期，第 160 - 164 页。

［96］刘环玉、甘晓成、宋岭：《新疆煤炭产业发展对大气环境的影响分析》，《生态经济》，2009 年第 10 期。

［97］肖春梅：《资源环境约束下的新疆资源型产业集群的升级与转型》，《生态经济》，2010 年第 8 期，第 103 - 107 页。

［98］刘环玉：《基于循环经济的新疆煤炭产业可持续发展研究》，新疆大学博士学位论文，2010 年。

［99］裴青萍：《新疆旅游业生态化发展的实证分析及预测》，新疆财经大学硕士学位论文，2010 年。

［100］李莉、宋岭：《新疆煤化工发展中产业生态系统的构建》，《经济地理》，2010 年第 4 期，第 662 - 667 页。

［101］董雯、邓锋、杨宇：《乌鲁木齐资源型产业的演变特征及其空间效应》，《地理研究》，2011 年 4 期，第 723 - 734 页。

［102］王磊、龚新蜀：《产业生态化研究综述》，《工业技术经济》，2013 年第 7 期，第 154 - 160 页。

［103］段树国：《新疆资源型产业循环经济发展研究》，石河子大学博士学位论文，2013 年。

［104］Frosch R. A. , Gallopoulos N. , "Strategies for Manufacturing" . Journal of Scientific American, 1989, 261 (3): 144 - 152.

［105］Frosch R. A. , "Industrial Ecology: Adapting Technology for a Sustainable World", Journal of Environment, 1995, 37 (10): 16 - 37.

［106］B. R. Allenby, "Induatrial Ecology: Policy Framework and Implementation", New Jersey: Prentice - Hall Inc, 1999.

［107］Tibbs H. B. C. , "Industrial Ecology: An Environmental Agenda for Industry", Arthur D. little, Inc, 1991.

［108］B. R. Allenby, D. J. Richards, "The Greening of Industrial Ecosystems", Washington, D. C. : National Academy Press, 1994.

［109］T. E. Graedal, B. R. Allenby, "Industrial Ecology and the Automobile", Upper Saddle River, New Jersey: Prentice - Hall, Inc, 1997.

［110］Chubbs S. T. , Steiner B. A. , "Life Cycle Assessment in the Steel Industry", Eniron. Progr, 1998, 17 (2), 922 - 955.

［111］Esty D. C. , Porter M. E. , "Industrial Ecology and Competitiveness", Journal of Industrial Ecology, 1998, 2 (1): 35 - 43.

［112］Grossman, Krueger, "Economic Growth and the Environment", Quarterly Journal of Economics, M. I. T. Press, 1995, 110 (2): 353 - 377.

［113］Jelinske L. W. , Graedel T. E. , Laudise R. A. , et al. , "Iindustrial Ecology: Concepts and Approaches", Proc. Natl. Acad. Sci. USA, 1992, 89: 800 - 803.

［114］V. Kneese, "Economics and the Environment Penguin Books", Penguin Books, 1977.

［115］B. R. Allenby, "Implementing Industrial Ecology: The At & T Matrix System", Interfaces, 2000, 30 (3): 42 - 54.

［116］M. T. Hannan, G. R. Carroll, "Dynamics of Organizational Populations: Density, Legitimation and Competition", Oxford University Press, 1992.

［117］T. E. Graedel, B. R. Allenby, "Industrial Ecology", Prentice Hall Press, 1995: 20 - 26.

［118］S. Erkman, "Industrial Ecology: An Historical View", Journal of Cleaner Production, 1997, 261 (3): 1 - 10.

[119] D. W. Pearce, R. K. Turner, "Economics of Natural Resources and the Environment", Baltimore: The Johns Hopkins University Press, 1990.

[120] S. Erkman, "Industrial Ecology", F. P. H. Press, 1998: 10-15.

[121] Micah D. Lowenthal, William E. Kastenberg, "Industrial Ecology and Energy Systems: A First Step", Resources Coversation and Recycling, 1998: 24.

[122] Ernest A. Lowe, "Eco-industrial Parks Handbook For Asian Developing Countries", http://indigodev.com/ADBHBdownloads.html, 2005.

[123] D. R. Fisher, W. R. Freudenburg, "Ecological Modernization and Its Critics: Assessing the Past and Looking Toward the Future", Society and Natural Resources, 2001 (14): 701-709.

[124] Huijbregts M. A. J., Breedveld L., Huppes G., "Normalisation Figures for Environmental Life-cycle Assessment, The Netherlands (1997/1998), Western Europe (1995) and the World (1990 and 1995)", Journal of Cleaner Production, 2003 (11): 737-748.

[125] Harvey G., "Life Cycle Costing: A Review of the Technique", Management Accounting, 1976 (10): 343-347.

[126] Audra J., Potts C., "Chocataw Eco-industrial Park: An Ecological Approach to Industrial Land-Use Planning and Design", Landscape and Urban Planning, 1998, 42 (224): 239-257.

[127] R. Socolow, C. Andrews, F. Berkhout, V. Thomas, "Industrial Ecology and Global Change", Cambridge: Cambridge University Press, 1994.

[128] J. H. Ausubel, H. E. Sladovich, "Technology and Environment", Washington, D. C.: National Academy Press, 1989.

[129] M. Chertow, "Developing Industrial Ecosystems: Approaches, Cases, and Tools", Bulletin No. 106, New Haven, C. T.: Yale School of Forestry and Environmental Studies, 2002.

[130] T. E. Graedel, "On the Concept of Industrial Ecology", Annual Reviews of Energy and the Environment, 1996 (21): 69-98.

[131] B. R. Allenby, W. E. Cooper, "Understanding Industrial Ecology from a Biological Systems Perspective", Total Quality Environmental Management, Spring, 1994: 343-354.

[132] B. R. Allenby, "A Dsign for Environment Methodology for Evaluating Materials", Total Quality Environmental Management, 2005 (4): 69-84.

[133] Chertow M. R., "The Eco-industrial Park Model Reconsidere", Journal

of Industrial Ecology, 1999, 2 (3): 8 – 10.

[134] Costanza R., Wilson M., Troy A., et al., "The Value of New Jersey's Ecosystem Services and Natural Capital", Gund Institute for Ecological Economics, University of Vermont and New Jersey Department of Environmental Protection, Trenton, New Jersey, 2006: 13.

[135] Jansson A. M., "Investing in Natural Capital: The Ecological Economics Approach to Sustainability", Island Press, 1994.

[136] Allacker K., De Nocker L., "An Approach for Caculating the Environmental External Costs of the Belgian Building Sector", Journal of Industrial Ecology, 2012, 16 (5): 720 – 721.

[137] Costa. L., Massard G., "Waste Management Policies for Industrial Symbiosis Development: Case Studies in European Countries", Journal of Cleaner Production, 2010, 18 (8): 815 – 822.

[138] Deutz P., Gibbs D., "Industrial Ecology and Regional Development: Eco – Industrial Development as Cluster Policy", Regional Studies, 2008, 42 (10): 1313 – 1328.

[139] Soratana K., Landies A. E., "Evaluating Industrial Symbiosis and Algae Cultivation from a Life Cycle Perspective", Bioresource Technology, 2011, 102 (13): 6892 – 6901.

[140] Lehtoranta S., Nissien A., Mattila T., "Industrial Symbiosis and the Policy Instruments of Sustainable Cosumption and Production", Journal of Cleaner Production, 2011, 19 (16): 1865 – 1875.

[141] Schandl H., Poldy F., Turner G. M., "Australia's Resource Use Trajectories", Journal of Industrial Ecology, 2008, 12 (5): 669 – 685.

[142] Geng Y., Zhang P., Cote R. P., "Assessment of the National Eco – Industrial Park Standard for Promoting Industrial Symbiosis in China", Journal of Industrial Ecology, 2009, 13 (1): 15 – 26.

[143] Van Beers D., Corder G., "Industrial Symbiosis in the Australian Minerals Industry—The Cases of Kwinana and Gladstone", Journal of Industrial Ecology, 2007, 11 (1): 55 – 72.

[144] Chertow M. R., "'Uncovering' Industrial Symbiosis", Journal of Industrial Ecology, 2007, 11 (1): 11 – 30.

[145] Traverso M., Finkbeiner M., Jorgensen A., "Life Cycle Sustainability Dashboard", Journal of Industrial Ecology, 2012, 16 (5): 680 – 688.

[146] Ehrenfeld J. R. , "Would Industrial Ecology Exist without Sustainability in the Background", Journal of Industrial Ecology, 2007, 11 (1): 73 -84.

[147] Zhang L. , Yuan Z. W. , Bi. J. , "Eco - industrial Parks: National Pilot Practices in China", Journal of Clerner Production, 2010, 18 (5): 504 -509.

[148] Shi H. , Chertown M. , Song Y. Y. , "Developing Country Experience with Eco - Industrial Parks: A Case Study of the Tianjin Economic - Technological Development Area in China", Journal of Cleaner Production, 2010, 18 (3): 191 -199.

[149] Mattila T. J. , Pakarinen S. , Sokka L. , "Quantifying the Total Environmental Impacts of an Industrial Symbiosis - A Comparison of Process, Hybrid and Input - Output Life Cycle Assessment", Environmental Science & Technology, 2010, 44 (11): 4309 -4314.

[150] Van Berkel R. , Fujita T. , Hashimoto S. , "Industrial and Urban Symbiosis in Japan: Analysis of the Eco - Town Program 1997 ~2006", Journal of Industrial Ecology, 2009, 90 (3): 1544 -1556.

[151] Wells P. , Zapata C. , "Renewable Eco - Industrial Development A New Frontier for Industrial Ecology", Journal of Industrial Ecology, 2012, 16 (5): 665 -668.

[152] Edwards B. W. , Naboni E. , "Green Buildings Pay: Design, Productivity and Ecology", Routledge, 2013.

[153] Sarkar A. N. , "Promotion of Eco - Innovation to Leverage Sustainable Development of Eco - Industry and Green Growth", International Journal of Ecology & Development™, 2013, 25 (2): 71 -104.

后　记

书稿付梓之际，思绪万千，思索与遐想无限。在澳大利亚访学生活中，游走在澳大利亚这一既古老又年轻的国家，其矿产资源丰富，采矿业也是这片土地的重要支柱产业，与之相伴的不是雾霾、难闻的气味，而是蔚蓝的天空、清新的空气，人与自然的和谐融入到现代文明之中，这一切更增强了我探索新疆资源型产业生态化发展问题的使命感与责任感。

本书是在博士论文的基础上修改完善而成的，其中第三、第四章由李黎撰写完成。在书稿的撰写过程中，师长给了我学识，父母给了我最大的支持，爱人给了我幸福，兄弟姐妹给了我关爱，儿子给了我快乐。在此向曾经给予我教诲、帮助、鼓励和督促的良师益友及家人致以最诚挚的感谢！感谢我的导师龚新蜀教授，她孜孜不倦的点拨和教诲，让我在研究方向上有了自己的想法与思考。正是由于她的严格要求和认真指导，我才得以顺利完成本书的选题和撰写工作。感谢新疆维吾尔自治区党委宣传部的罗夫永老师，在您的帮助和指导之下，书稿的体系结构进一步完善，调研得以顺利进行。

感谢经济与管理学院的杨兴全教授，是您严谨的治学态度激励着我持续前行，是您对我的工作及家庭的帮助给了我坚持的动力。感谢经济与管理学院李万明教授、王生年教授、李豫新教授、张红丽教授、祝宏辉教授、程广斌教授以及理学院张军民教授对我的悉心教诲，几位老师学识渊博、治学严谨，他们不仅给予我知识，还在本书的写作过程中提出了宝贵的意见和中肯的建议，使我的视野更加开阔、写作思路更加清晰，书稿的内容也更加完善。感谢我的同门师兄弟姐妹们给予我的关怀和帮助，特别感谢张杰、段树国师兄在本书的撰写中给予我的启发和帮助！

感谢新疆维吾尔自治区发改委、环保厅、工业和信息化委员会提供的宝贵资料和年报数据，本书才有了可靠的基础资料。

感谢国家留学基金委提供的澳大利亚昆士兰科技大学的访学机会，使我有机会向澳洲相关领域专家学习，进一步完善了本书的研究内容。

本书在撰写的过程中参阅了大量的文献资料，部分文献资料在书中已经列出，因受篇幅所限，对未列出的参考文献，请有关作者海涵。感谢文献作者们的辛勤劳动，为本书提供了巨大帮助。

2015 年 8 月

写于昆士兰科技大学